DE SJAMANISTISCHE RIVIER VAN HET LEVEN

EEN REIS DOOR SIBERISCH SJAMANISME

SHAMAN AHAMKARA &
SKY MOTHER

2026

DE SJAMANISTISCHE RIVIER van het LEVEN
Een reis door Siberisch sjamanisme

Shaman Ahamkara & Sky Mother

Omslagfoto: Olga Ukrainets
Omslagontwerp: Sky Mother
Vormgeving binnenwerk: Sky Mother

Spiritualiteit/Memoires
ISBN (Paperback): 9789083665528
NUR: 728

Copyright:© 2026 Shaman Ahamkara & Sky Mother
Auteurs: Shaman Ahamkara & Sky Mother

INHOUDSOPGAVE

INTENTIE

Wie zoekt, zal vinden. In onze tijd, waarin reizen tussen steden, landen en continenten gemakkelijker is dan ooit tevoren, voelen spirituele zoekers zich vaak aangetrokken tot het 'exotische', tot de wijsheid van verre landen en volkeren. Er bestaat een grote verscheidenheid aan sjamanistische mythologieën, tradities en rituelen die door oude wijzen over de hele wereld worden doorgegeven. Toch is de kern van sjamanistische wijsheid universeel.

Het sjamanisme leert ons dat we eigenlijk niet ver hoeven te zoeken. Het zijn de ritmes van de natuur, het leven dat we leiden en de spirits om ons heen die ons de meest waardevolle lessen en kennis bieden. Of je sjamanistische wijsheid nu gebruikt om bewuster te leven of om een spiritueel beoefenaar, genezer of leraar te worden, het is essentieel om je eigen pad te kiezen en dit pad met toewijding te bewandelen.

Als je dit boek in handen hebt, heeft je pad je naar het **Siberische sjamanisme** geleid, naar **Siberië**. En naar de prachtige **Altaj**, het heilige land waarvan we de legendes en wijsheid in dit boek zullen delen.

Siberië, de bakermat van het sjamanisme, gevoed door een diversiteit aan lokale culturen, volkeren, geloofsovertuigingen en rituelen. Siberië, waar het hart van Azië klopt, waar de eindeloze steppen samenkomen met de rivieren en de bergen. Siberië, waar de ritmes en krachten van de natuur verweven zijn met het dagelijks leven, van de sneeuwvlokken tot de berkenbomen. Siberië, waar de voetstappen en de wijsheid van sjamanen miljoenen mensenlevens hebben overleefd.

Vindt het sjamanistische pad de sjamaan of *vindt de sjamaan het sjamanistische pad?* Misschien ben je geboren om het sjamanistische pad te bewandelen. Misschien kíes je ervoor om het sjamanistische pad te bewandelen. Kom maar met ons mee, terwijl we je kennis laten maken met de wereld van sjamanen door middel van echte levensverhalen uit onze sjamanistische rivieren van het leven. Laat ons je meenemen op een reis door de wereld van spirits, door Siberisch sjamanisme, als een roeping en als een manier van leven. Moge deze roeping en oeroude wijsheid je pad verlichten.

1

BEGINNEN

Laten we beginnen met het woord **sjamaan**. Het woord sjamaan komt van het werkwoord 'sa': weten. Daarom wordt een sjamaan vaak een 'ziener' of 'kenner' genoemd.

In de moderne wereld zijn sjamanen sociale figuren die de verbinding leggen tussen de wereld van de materiële werkelijkheid en de wereld van de geesten. Sjamanen worden beschouwd als natuurlijke genezers die zich ten doel hebben gesteld mensen te helpen die lijden aan fysieke of morele problemen.

Sjamanen oefenen hun activiteiten uit in een bepaalde 'sjamanistische bewustzijnsstaat', de zogenaamde **trance**. Dit is noodzakelijk voor het contact met de wereld van de geesten, de onzichtbare wereld. Door in een veranderde bewustzijnsstaat te komen, leggen sjamanen contact met hun spirituele gidsen en helpers om te bepalen hoe ze een persoon kunnen helpen.

Een sjamaan weet dat alles wat bestaat een ziel heeft en leeft, dus door hun bewustzijnsstaat te veranderen, kunnen ze in contact komen met geesten, zielen en krachten. Door deze verbinding met de geestenwereld leert een sjamaan en ontvangt hij hulp van de geesten.

Op basis van archeologisch en etnologisch onderzoek kunnen we met zekerheid concluderen dat sjamanistische methoden minstens 20 duizend jaar oud zijn. Sommigen beweren zelfs dat sjamanistische praktijken mogelijk al 200 duizend jaar overal ter wereld bestaan, ook in Europa.

Tegenwoordig leeft sjamanistische kennis vooral voort onder volkeren wiens cultuur als "primitief" wordt beschouwd. De kennis die deze culturen in stand houden, is verworven door de inspanningen van honderden generaties mensen die voortdurend op het randje van leven en dood balanceerden. Voor de voorouders van deze volkeren was sjamanisme vrijwel de enige manier om met ziekte en andere gevaren van een vijandige omgeving om te gaan. Bijna geen van deze culturen heeft schriftelijke verslagen achtergelaten en daarom zijn de afstammelingen van deze volkeren (die de oude kennis in hun geheugen bewaren) zeer waardevol voor ons. We kunnen eigenlijk de subtiliteiten van sjamanistische praktijken alleen leren van de overlevende vertegenwoordigers van deze volkeren.

Het meest opmerkelijke aspect van sjamanistische methoden is dat ze in alle uithoeken van de wereld vrijwel hetzelfde zijn. In Siberië en Centraal-Azië, in Noord- en Zuid-Amerika, in Australië en Zuid-Afrika, in Oost- en Noord-Europa: we zien opmerkelijke overeenkomsten in de gebruikte methoden. De reden hiervoor is natuurlijk niet het gebrek aan verbeeldingskracht van de "primitieve" volkeren. Er is een groot verschil in de structuur van hun samenlevingen, kunst, economie en vele andere facetten van hun culturen. Desalniettemin werkt sjamanistische kennis al duizenden jaren op dezelfde manier en heeft het alle beproevingen van tijd, plaats en misvattingen doorstaan. Mensen in totaal verschillende culturen, onafhankelijk van elkaar, kwamen tot dezelfde conclusies, tot dezelfde principes en methoden voor genezing en het verkrijgen van sjamanistische kracht.

Sjamanisme is de oudste spirituele traditie op aarde. Het verscheen veel eerder dan veel spirituele leringen, omdat het gebaseerd is op de natuur, haar verschijnselen en krachten die werden geïdentificeerd met goden en geesten. Sjamanisme is geen religie, maar een manier om te communiceren met hogere entiteiten en wezens. Sjamanen fungeren als tussenpersonen tussen de mensenwereld en de geestenwereld. Wat sjamanen onderscheidt van andere genezers is het vermogen om in trance te raken, met geesten te communiceren en te zien wat voor anderen ongrijpbaar is.

SJAMANISME van de ALTAJ

In de Altaj worden sjamanen als '*kam*' genoemd. Men gelooft dat zij een aangeboren gave hebben om mensen met rituelen te genezen. Sjamanen ondergaan beproevingen onder de hoede van geesten en de toezicht van ervaren sjamanen. Wanneer een *kam* zijn of haar drum ontvangt, wordt hij of zij erkend als de uitverkoren van de goden. Een sjamaan fungeert als gids tussen de wereld van de mensen en de natuur. Mensen komen naar de *kam* voor genezing van lichamelijk en geestelijk lijden.

In verschillende culturen verschilt de definitie van wie sjamaan kan worden. De belangrijkste methoden worden beschouwd als het erven van het sjamanistische beroep en het oproepen van geesten. Onder de Altaj-bevolking in Siberië kun je er ook voor kiezen om sjamaan te worden. Als je voor dit pad kiest, vroeg of laat roept de heilige berg Belukha je.

De legende van de berg Belukha

In het midden van Siberië staat de **heilige berg Belukha**, de hoogste berg van Sibcrië. Belukha wordt beschouwd als een energiebrug die een verbinding legt met de wereld van de goden. De Altaj geloven dat de godin Umai, de hoogste godin onder de Turkse volkeren en de personificatie van het vrouwelijke principe en de scheppende kracht, op de top van Belukha woont.

In de buurt van de berg Belukha is alles doordrenkt van licht, energie en kracht. De lokale bevolking zegt dat de berg genezende krachten heeft: mensen die er naartoe gaan, zien hun ziekten verdwijnen en hun welzijn verbeteren.

De Altaj beschouwen Belukha als heilig en mysterieus. Men gelooft dat wanneer er wereldwijde oorlogen, overstromingen en aardbevingen de aarde treffen, er een vrouw uit de berg zal komen om al deze rampen te stoppen. Het einde van de wereld zal alleen komen als de toppen van de Belukha worden vernietigd en op de grond vallen.

In 1900 veranderde een van de toppen van Belukha van vorm, en in 1904 veranderde de tweede top. De lokale verwachting dat het einde van de wereld nabij was, zoals voorspeld door de legende, werd sterker.

En in 2012 begon het terrein in het Delone-gebied en in de richting van Belukha vrij intensief van vorm te veranderen. Sommige schijnbaar onbeweeglijke gletsjers spleten en brokkelden af.

2012

Het leven en de dood, het begin en het einde fascineren de mensheid al sinds mensenheugenis. Ook al bracht 2012 niet het einde van de wereld, er is dat jaar zeker iets veranderd.

Nu we ons door de huidige tijden van chaos, onzekerheid, verandering en transformatie bewegen, wordt de zoektocht naar betekenis en richting alleen maar groter. In deze zoektocht naar betekenis bieden spirituele leraren hun begeleiding, terwijl studenten begeleiding zoeken en vinden in hun leer.

In het beruchte jaar 2012 bewandelden sommigen van ons al hun sjamanistische pad, terwijl anderen op het punt stonden hun sjamanistische roeping te verkennen en hun eigen pad te gaan bewandelen. We bevonden ons allemaal in de stroom van onze eigen rivieren.

JANUARI 2012,
Jekaterinenburg (RUS[1])

Ahamkara is klaar voor de verandering van tijden. Volgens de Siberische kalender is het einde van de Tijd van de Vos[2] aangekomen. De tijd van leugens en manipulatie en van materiële gehechtheid loopt ten einde. De donkere tijden zijn voorbij.

De nacht maakt nu plaats voor de ochtend. De Tijd van de Wolf[3] staat voor de deur. De tijd van eerlijkheid, vrijheid en verantwoordelijkheid, de tijd van het loslaten van gehechtheid komt eraan. Het licht staat op het punt te schijnen.

Als sjamaan kijkt Ahamkara uit naar de Tijd van de Wolf. Dit nieuwe tijdperk sluit aan bij zijn persoonlijkheid en manier van zijn. En hij weet dat de wereld meer sjamanen en meer sjamanistische wijsheid nodig zal hebben dan ooit tevoren. Hij is klaar en vastbesloten om bij te dragen aan deze historische evolutie, om steviger op zijn sjamanistische pad te lopen en zijn lotsbestemming verder te vervullen.

DECEMBER 2012,
Smilde (NL[4])

Mura kijkt terug op een jaar dat een keerpunt in haar leven is geweest. 2012 begon met de grote beslissing om hun huis te verkopen en op zoek te gaan naar een nieuwe plek waar ze zowel kunnen wonen als hun gedroomde spirituele centrum

---

[1] Rusland
[2] Tussen de jaren 392-2012
[3] Tussen de jaren 2012-3632
[4] Nederland

kunnen opzetten. Na enige tijd zoeken en rondvragen naar een geschikte locatie, krijgen ze van een kennis de tip dat er een hervormde kerk met een woonhuis ernaast in Smilde te koop staat.

Voor Mura is dit een zeer spannende, maar ook een zeer enge stap. Ze moeten een hypotheek regelen om deze plek te kunnen kopen en om het naar hun wensen te kunnen verbouwen. Hun oude huis is vrij snel verkocht; de bank geeft groen licht en er wordt een businessplan opgesteld. Op het materieel vlak is alles afgerond. Het laatste obstakel dat nog resteert, is de moed verzamelen om deze grote stap daadwerkelijk te kunnen zetten.

De ochtend voordat ze hun beslissing definitief moeten nemen, heeft Mura een moment van bezinning onder de douche. 'Wat wil ik later aan mijn kleinkinderen vertellen?', denkt ze:

> We hadden de kans om een kerk te kopen en een spiritueel centrum op te zetten, maar we waren te bang om dat te doen en kozen voor de veilige optie.

> <u>OF</u>

> We hebben de gok genomen, een kerk gekocht en ons spiritueel centrum opgericht. Uiteindelijk is het niet gelukt, maar we hebben veel geleerd.

En zo komt ze tot het besef dat zelfs het slechtst denkbare scenario beter is dan deze stap niet te zetten. Ze tekenen het hypotheekcontract en maken daarmee de weg vrij voor de geboorte van hun spiritueel centrum, Centrum Lumos.

Om dit belangrijke punt in hun leven te vieren, organiseren ze een eindejaarsfeest met hun vriendenkring en bezoekers van hun spiritueel centrum. Met dit nieuwjaarsfeest willen ze het familiegevoel versterken dat ze met hun centrum willen creëren. Als nieuwe beheerders van deze kerk omarmen ze gelijkheid als hun basisfilosofie: de kerk wordt een plek waar iedereen welkom is en waar de leraar een leerling kan zijn en de leerling een leraar.

Mura heet iedereen welkom op de avond van 31 december 2012. Ze is trots op het vertrouwen en de moed die ze tijdens deze reis hebben getoond, waardoor ze die avond uiteindelijk met zijn allen in hun spirituele centrum bijeen zijn gekomen. Ze voelt dan ook dat haar leven zal veranderen nu ze meer overvloed en expansie in haar leven heeft toegelaten.

Met een vreugdevolle, spirituele avond vol meditatie, kunst, spel en dans verwelkomen ze het nieuwe jaar. Om 00:00 uur laten ze het oude jaar los met de lichtballonnen die ze de lucht in laten vliegen. Met een vervuld hart verwelkomt Mura 2013. Tegelijkertijd kijkt ze uit naar een andere grote droom die voor haar op het punt staat uit te komen: haar reis naar Siberië, naar de Altaj. Ze zal de komende zomer eindelijk de roep van de berg Belukha beantwoorden.

DECEMBER 2012,
Assen (NL)

Germaine is aan het zorgen voor haar vader die in 2008 een beroerte kreeg en sindsdien is gedeeltelijk verlamd. Zijn toestand verslechtert en zij is vaak bij hem.

Ze hebben altijd een speciale band gehad als vader en dochter. Het was haar vader die zorgde voor Germaine als hoogsensitief kind. Het was Germaine die haar vaders hand vasthield op zijn momenten van diep verdriet, hem vertelde naar de sterren te kijken en hem geruststelde dat zijn moeder nog steeds van hem hield.

Dit was het verdriet dat Germaine als gevoelig kind altijd voelde: het verdriet dat haar vader nooit heeft kunnen verwerken, van de plotselinge dood van zijn moeder toen hij nog maar een jongetje van 10 was. Germaines grootmoeder was pas 34 jaar oud toen zij werd aangereden door een dronken vrachtwagenchauffeur en stierf vlak voor de ogen van haar vader. Dit liet een diepe wond achter in de ziel van haar vader, een wond die bleef bloeden zolang hij leefde.

Tijdens deze lange, donkere decemberdagen van 2012 verzorgt Germaine haar vader als een kleine baby, geeft hem te eten, wast hem, neemt hem mee voor wandelingen, tot de dag dat hij sterft.

DECEMBER 2012,
Utrecht (NL)

Ik pak mijn koffers voor onze grote reis naar Zuid-Amerika. Geen blauwe maandag in januari dit jaar, maar een heerlijke zomervakantie waarin we het zuidelijkste puntje van de wereld gaan ontdekken.

De afgelopen twee jaar hebben hun tol geëist van ons als stel. Na onze droomhuwelijk in 2010 volgde onze volgende droom: ons wens om ons eerste kind te verwelkomen. Na twee jaar proberen zwanger te worden zonder succes volgen we nu het meest voorkomende advies dat aan stellen wordt gegeven die zwanger willen worden: 'Ga op vakantie en ontspan!'. Inmiddels hebben we onze huwelijksreis en vele vakanties al gehad die deze belofte niet hebben waargemaakt, maar laten we eens kijken wat deze vakantie ons brengt. Je weet maar nooit!

Deze reis is meer dan alleen een vakantie. Het is een reis van zes weken naar de andere kant van de wereld. Een periode om te vertragen, tot rust te komen en te resetten.

Ik zet mijn laptop aan om naar de details van onze vlucht naar Buenos Aires te bekijken. Ik kan niet wachten om in dat vliegtuig te stappen!

Ondertussen bekijk ik ook de laatste astrologische voorspellingen. Astrologie, mijn favoriete onderwerp sinds mijn kindertijd. De magie van de sterren en wat ze symboliseren hebben me altijd geïntrigeerd. Dat is geen verrassing, denk ik, met een zonneteken in Waterman en ascendant in Vissen. De fascinatie voor de mysteries van deze wereld stond bij mijn geboorte al in de sterren geschreven.

Alle astrologen zijn het erover eens dat eind 2012 het begin van een nieuwe tijdperk zal betekenen die enorme transformatie met zich meebrengt. Er is ook veel aandacht voor het feit dat de Maya-kalender het einde der tijden voorspelde in december 2012.

Zou 21 december 2012 echt het einde der tijden kunnen zijn? Er zijn sinds 2000 twaalf jaar voorbijgegaan zonder veel ophef en mijn eigen intuïtie lijkt nog niet te wijzen op 'het einde'. De aardbeving in Istanbul in augustus 1999 voelde veel meer als het einde, maar zelfs tijdens de krachtigste aardbeving die ik ooit in mijn leven heb meegemaakt, fluisterde mijn intuïtie dat dit niet het einde was, althans niet míjn einde. Er zijn veel mensen omgekomen bij deze aardbeving en mijn oma zei – net zoals ze altijd al zei – dat dit een teken was dat het einde der tijden naderde.

Het einde der tijden... Zal ik dat in mijn leven meemaken? Ik vraag het me af... De tijd zal het leren! Maar nu gaan we naar Buenos Aires, om het nieuwe jaar in de zomer te verwelkomen. Dít is wél een droom die uitkomt!

En toen draaide de wereld door na 2012... Ze zeggen dat er vele wegen naar Rome leiden, net zoals er vele wegen naar Siberië leiden. Sommige zijn snel en rechttoe rechtaan, andere hebben dramatische bochten en wendingen. En weer andere zijn langzaam en kronkelig. Elk pad is uniek, maar de gemeenschappelijke intentie van degenen die het sjamanistische pad inslaan, is om verbinding te maken met goddelijke wijsheid en hun wonden te helen op deze rivier die het leven heet.

We nemen je nu met ons mee op een reis door de legendes van de Altaj en de geesten van het Siberische sjamanisme. Dit is een reis langs de sjamanistische paden van sjamaan Ahamkara en drie van zijn leerlingen, Mura, Germaine en ik, terwijl we door de materiële en spirituele werelden navigeren op onze rivieren van het leven. Let wel op dat de persoonlijke verhalen die we delen de logica van de geesten volgen en niet altijd de logica van *chronos*.[5]

---

[5] De personificatie van **tijd** in de Griekse mythologie

2

DE SJAMANISTISCHE WERELD

Siberië is uitgestrekt en divers en dat geldt ook voor het Siberische sjamanisme. We hebben een sjamanistische kaart nodig om ons te begeleiden tijdens onze reis door het Siberische sjamanisme. Zo zullen we de fundamenten van ons verhaal uitleggen. Dit is een vrij theoretische uitleg, dus nog even geduld voordat we verdergaan met hoe de grote spirits van het Siberische sjamanisme tot leven komen in onze echte levensverhalen.

Volgens het Altaj-sjamanisme bewonen de geesten en goden alle werelden: de Bovenwereld, Middenwereld en Onderwereld. De meeste inheemse volkeren van Siberië geloven, net als veel andere volkeren op aarde, in het bestaan van deze drie werelden in ons universum, die boven op elkaar liggen. Deze concepten komen in wezen dichter in de buurt van de theorie van parallelle dimensies dan van het beeld van werelden die letterlijk boven op elkaar liggen als lagen van een taart.

In de kern van het Siberische sjamanisme ligt het gemeenschappelijke scheppingsverhaal met de **vier grote spirits**. De grote spirit *Tengri* wordt beschouwd als de oorsprong van alle schepping. Tengri heeft twee werelden geschapen: de droomwereld en de harde/materiële wereld. Vervolgens heeft hij zichzelf in twee delen gesplitst: het eerste deel is Tengri, God, de mannelijke/positieve pool, die de actieve scheppingsenergie vertegenwoordigt en is gesymboliseerd door de zon. Het tweede deel is *Umai*, Moeder Aarde, de vrouwelijke/negatieve pool, die de gevoelige en intuïtieve energie vertegenwoordigt en is gesymboliseerd door de maan.

Tengri schoot met zijn boog een pijl naar Umai. Ze kregen twee kinderen: *Ulgen*, de spirit van de Bovenwereld/de Hemel, en *Erlik*, de spirit van de Onderwereld. Samen vormen deze vier spirits een familie en ze hebben allemaal hun eigen unieke energie, karakters en regels. Als we als mensen een goed leven willen leiden, is het van cruciaal belang om deze spirits te begrijpen en hun regels te volgen.

DE SJAMANISTISCHE BOOM

De **sjamanistische boom**, of de wereldboom, is een belangrijk symbool in het sjamanisme van de Altaj en andere sjamanistische tradities. Het is een prachtige boom die groter is dan alle andere bomen. De top van deze boom reikt hoog in de wolken, de wortels groeien heel diep in de grond en de stam is een kanaal tussen de aarde en de hemel. De sjamanistische boom is een stok die alle sjamanistische werelden met elkaar verbindt.

De wortels van de sjamanistische boom houden de ondergrondse wereld vast: de wereld van Erlik. Het middelste deel is de stam van de sjamanistische boom: de wereld van Umai. Het bovenste deel van de sjamanistische boom met de takken is verbonden met de hemelwereld van Ulgen. De top van de sjamanistische boom is de wereld van Tengri. Alle werelden zijn dus met elkaar verbonden via de sjamanistische boom, wat het een perfect beeld maakt voor het reizen tussen de werelden.

Ook ons lichaam is verbonden met de sjamanistische boom. Ons lichaam, beginnend bij het onderste deel van de buik, via onze benen en voeten, vormt het Erlik-deel, net als de wortels van de sjamanistische boom. Het meest beschermde middelste/Umai-deel van het lichaam, waar onze wervelkolom, ons hart en de meeste van onze organen zich bevinden, is als de stam van de sjamanistische boom. Onze armen, schouders, nek en hoofd hebben betrekking op de bovenwereld van Ulgen. We ontvangen informatie via het bovenste deel van ons lichaam, via ons gezichtsvermogen, onze smaak, onze reuk en ons gehoor. Tengri bevindt zich boven op ons hoofd. Zo kunnen we de energieën van de geesten via ons lichaam voelen.

DE SJAMANISTISCHE KAART

De *cirkel van het leven*, geleid door de vier grote spirits van het Siberische sjamanisme, is symbolisch weergegeven op de **sjamanistische kaart**, die te bekijken is op https://ahamkara.org/map. In het midden van de sjamanistische kaart ligt onze ziel met vijf verschillende zielendelen. Elk zielendeel heeft een andere energie en intentie. Vier van de zielendelen bevinden zich naast de vier grote geesten en het vijfde zielendeel bevindt zich in het midden en vertegenwoordigt de sjamaan.

Wanneer zielen hun nest in de sjamanistische boom verlaten om naar de aarde te komen, verbinden ze zich met de **Tuss**, die op de sjamanistische kaart wordt gesymboliseerd door de vis. Dit is Erliks geschenk aan ons. *Tuss* vertegenwoordigt ons geheugen, onze levenservaring. Het is als een grote geheugenkaart met onze herinneringen aan het leven, met alle geluiden, gevoelens en sensaties die we tijdens ons leven ervaren.

Het tweede zielsdeel bevindt zich dicht bij Umai. Umai's geschenk aan ons is de **Koet** of het Hert. *Koet* vertegenwoordigt onze persoonlijke kracht. Als we de kracht hebben om iets te doen, kunnen we vol vertrouwen zeggen: "Ja, ik kan het!" en in actie komen. We kunnen allemaal op onze persoonlijke kracht leunen en leren deze te versterken. Onze persoonlijke kracht vormt de basis voor onze toekomstige ontwikkeling.

Naast Ulgen bevindt zich zijn geschenk, de **Bos** of de witte vogel. *Bos* vertegenwoordigt ons vermogen om te creëren. Creatie is een groot deel van ons leven. We zijn in staat om goede of slechte dingen te creëren. Het is belangrijk om dit deel van de ziel te ontwikkelen, zodat we witte vogels (boodschappen) naar de hemel kunnen sturen naar Ulgen om te creëren wat we wensen en om boodschappen uit de hemel te ontvangen in de vorm van de verwezenlijking van onze wensen.

Naast Tengri ligt het geschenk van Tengri: de **Ayi** van de ziel. *Ayi* is het oog van onze ziel en vertegenwoordigt ons bewustzijn. Dit oog is de *échte jij*. *Ayi* is het deel van de ziel dat altijd bij je blijft en niet verandert van het ene leven naar het andere. Het oog sterft nooit, dus de ervaring van je oog is erg belangrijk. Het oog kan open of gesloten zijn. Als het oog open is, ben je bewust en wakker. Als het oog gesloten is, ben je onbewust en voel je je slaperig.

In het midden van de sjamanistische kaart zie je de sjamaan en het licht om hem of haar heen. Dit licht vertegenwoordigt de vijfde ziel die verband houdt met je lot voor dit leven. De vijfde ziel wordt de **Sur** of het droomlichaam genoemd. Het droomlichaam kan elke vorm aannemen en elke gedaante krijgen. *Sur* is verbonden met het moment waarop je ziel op de sjamanistische boom verbleef. Wanneer je in het nest bent voordat je je fysieke lichaam ontvangt, wordt je ziel door een moederdier voorbereid op je aankomende leven. *Sur* is een zeer belangrijk onderdeel van je ziel. Sjamanen vaak met dit droomlichaam. Als je je *Sur* voelt, kun je het lot voelen waarvoor je in dit leven bent geboren.

DE SJAMANISTISCHE LEVENSCIRKEL

De *sjamanistische levenscirkel* of de *reïncarnatiecirkel* bestaat uit twee delen: de Rivier van het Leven (het onderste deel van het wiel) en de Melkweg (het bovenste deel van het wiel).

In het sjamanisme van de Altaj symboliseert de **Rivier van het Leven** tijd. De Rivier van het Leven begint in de wereld van Ulgen, stroomt vervolgens door de wereld van Umai en eindigt als een meer in de wereld van Erlik. De tijd verandert en stroomt als een rivier. Hij is nooit hetzelfde. Zoals het gezegde luidt: je kunt nooit twee keer in dezelfde rivier zwemmen.

Op de Rivier van het Leven ligt een boot met daarop een mens die met een stok staat. De boot vertegenwoordigt ons fysieke lichaam in de materiële wereld en de mens vertegenwoordigt onze ziel. Het is essentieel om een peddel te gebruiken om de boot te sturen, zodat we ons doel en onze lotsbestemming in het leven kunnen bereiken.

We moeten niet alleen de stroom van de rivier volgen, maar ook leren om bewust door de rivier van het leven te peddelen. Peddelen gaat over bewust en doelgericht leven en verstandig meegaan met de stroom terwijl je de boot stuurt. Terwijl we sturen, moeten we onze intuïtie gebruiken om onze boot in de juiste richting te leiden. De meeste mensen hebben geen peddels om hun boot te besturen, wat betekent dat ze niet eens genoeg energie hebben om hun leven te sturen. Ze drijven gewoon mee terwijl de rivier van het leven voorbij stroomt en vooruitgaat. Als we niet sturen, worden we uiteindelijk meegesleept door de rivier.

De **Melkweg** is het bovenste deel van de reïncarnatiecirkel. Het vertegenwoordigt onze reis na de dood. Na onze dood reist onze ziel door de Melkweg naar de Tengri-wereld en vanuit de Tengri-wereld reïncarneren we voor een nieuw leven in een nieuw lichaam.

Na onze dood moeten onze zielen de brug van één haar passeren – een dunne brug die we voorzichtig moeten oversteken om ons evenwicht niet te verliezen. We hebben bewustzijn nodig om dit evenwichtsgevoel te hebben die nodig is om deze brug over te kunnen steken. Als we ons evenwicht verliezen en vallen, vallen we in het meer van Erlik, dat zich aan het einde van de Rivier van het Leven bevindt. In dit meer leeft een monster, en men gelooft dat dit monster bewusteloze, verloren zielen opeet. Deze zielen blijven een tijdje in de buik van het monster. Dit is een periode van lijden en een vorm van reiniging voor de ziel. De reiniging dient om de kwestie te verwerken waarvan de ziel zich tot aan haar dood niet bewust was. Voor elke ziel is dit een andere reden. Na deze reiniging komt de ziel uiteindelijk uit de buik van het monster. Voor verloren zielen duurt het langer om hun weg naar de Melkweg te vinden.

Het moment van overlijden is het belangrijkste moment van ons leven. We moeten ons op dit moment voorbereiden. Bewustzijn leidt tot het besef dat we sterven en dat we onze gehechtheden in het leven moeten loslaten. Als we ons niet bewust zijn van onze dood, blijft de ziel verbonden met het materiële leven en wordt ze een verloren ziel. Het monster is een symbool van de ziel die een materiële realiteit wil ervaren, maar geen fysiek lichaam meer heeft om dat te doen. Nadat een verloren ziel door het monster is gereinigd, is ze bevrijd van haar gehechtheden en kan ze vrij verdergaan in de reïncarnatiecyclus.

De dood is het moment van de grootste transformatie, omdat het hét moment markeert om naar de Melkweg te gaan en een beslissing te nemen over ons volgende leven. Hoe we ons hele leven leiden is ook belangrijk, maar de dood is het belangrijkste moment omdat dit het resultaat van ons leven vertegenwoordigt. Het leven is als een marathon en hoe we finishen is het resultaat van alle kleine beslissingen die we onderweg nemen.

Tijdens onze Rivier van het Leven zijn alle vijf zielen aanwezig en helpen ze ons, ons leven te ervaren. Wanneer we het moment van de dood bereiken, begint de ziel zich van het lichaam te scheiden. Gedurende de eerste drie dagen na de dood blijven ze bij het dode lichaam. Na drie dagen begint de ziel te veranderen en begint het transformatieproces. De ziel van het Hert keert terug naar de familie, naar de persoon/baby die binnenkort in deze familie geboren zal worden. Daarom zien we vaak dat dood en geboorte elkaar opvolgen in een familie.

De andere zielen (Ayi, Witte Vogel, Vis en Sur) blijven samen tot 40 dagen na de dood. Gedurende deze 40 dagen bezoekt de ziel de plaats waar ze hebben geleefd. Dit bezoek is gevaarlijk, omdat de ziel kan verdwalen en een verloren ziel kan worden. Daarom helpen mensen in veel tradities de overledenen om tijdens deze periode van 40 dagen hun weg naar het licht in de droomwereld te vinden. Na deze 40 dagen reizen alle zielen naar hun eigen bestemming: de Witte Vogel naar Ulgen, de Vis naar Erlik, Sur naar de droomwereld en Ayi naar Tengri.

Onze ziel (Ayi) reist via de Melkweg naar de Oceaan van Tengri. Dit is waar we allemaal vandaan komen en waar we allemaal naar terugkeren. Daar, waar het tijdloos is, kunnen we eindelijk rusten. Het is kalm en vredig in deze Oceaan. Onze ziel kan heel lang in de Oceaan blijven, maar daar voelt ze geen tijd.

Wanneer de ziel klaar is om weer naar de aarde terug te keren, reist ze door de Melkweg tot ze op een nest terechtkomt in de sjamanistische boom. Wanneer een ziel in het nest is, komt haar moederdier om voor haar te zorgen en haar naar de andere zielen te brengen. We hebben drie zielen in het nest: de Witte Vogel, Ayi en Sur. Pas na de geboorte voegen de Vis (het geheugen) en de ziel van het Hert zich bij de ziel. Zo evolueert de cirkel van reïncarnatie van het ene leven naar het andere.

Nu we hebben ontdekt hoe de **Sjamanistische Rivier van het Leven** stroomt, is het tijd om uit te zoeken hoe we bewust door deze rivier kunnen reizen en hoe de vier grote spirits ons kunnen helpen en begeleiden op deze reis.

3

DE RIVIER van TRANSFORMATIE: ERLIK

Een van de meest heilige geheimen van sjamanen in het zuiden van Siberië is informatie over de poorten naar de Onderwereld, die zich volgens legendes bevinden op de grens tussen de Altaj en Mongolië. Deze poorten worden beschreven als een ingang naar een bodemloze grot of als een smalle opening die alleen opengaat wanneer bepaalde spreuken worden uitgesproken. Een Turkse legende beweert dat een verloren stad in het Altajgebergte wordt bewaakt door draken en de rusteloze zielen van dode mensen. Tegenwoordig wordt er geloofd dat de onderwereld zich onder de Gobiwoestijn bevindt – een sombere, rotsachtige vlakte, bezaaid met botten van fossiele dieren, waar het hele jaar door genadeloze winden waaien.

De oude wijzen in de bergdorpen in de Altaj vertellen daarentegen over de legende van een jonge erfelijke sjamaan genaamd Aydys. Vlak voor het begin van de Grote Patriottische Oorlog (1941-1945) voerde Aydys een lang en uitputtend ritueel uit, waarna de geesten hem de toegang tot de verboden wereld voor levende personen toonden en hem toestonden deze te bezoeken. De jongeman keerde een paar weken later terug naar zijn geboortedorp, maar hij zag er verwilderd en verouderd uit. De geschokte sjamaan moest talloze vragen van zijn dorpsgenoten beantwoorden en vertelde hen dat hij veel pijn, lijden en tranen had gezien. Aydys verliet het dorp kort daarna, trok de bergen in en begon als kluizenaar in een van de grotten te leven.

Tien jaar voor zijn dood nam hij een leerling aan, aan wie hij kennis over de onderwereld doorgaf. De lokale bevolking gelooft dat de ondergrondse geesten een persoon kiezen aan wie ze de geheimen van de Onderwereld toevertrouwen. In ruil daarvoor moet de ingewijde, de zielen van de doden na hun dood naar de hel begeleiden. In die oude tijd was een sjamaan die deze geheimen ontving verplicht om deze kennis strikt geheim te houden. Anders zouden de ziel van de sjamaan en de zielen van al zijn familieleden en nakomelingen tot in de tiende generatie van hun rust worden beroofd en eeuwige bewakers van de poorten naar de onderwereld werden.

Een andere legende beweert dat als een niet-ingewijde persoon, een "gewone sterveling", op de een of andere manier de ingang van de Onderwereld vindt, de poorten van de hel zullen instorten, waardoor de zielen van de zondaars uit de Onderwereld zullen ontsnappen en de hele wereld zullen vullen, wat alleen maar horror, vernietiging en dood zal brengen.

Er bestaan veel Siberische legendes over Erlik, de spirit van de onderwereld. Het Altaj-volk associeert de meest verschrikkelijke rampen met hem. Erlik brengt ziekten om mensen te dwingen hem hun bloed als offer te brengen. Als iemand niet aan Erliks wensen voldoet, doodt hij hem en neemt hij zijn ziel mee om hem in de onderwereld te dienen.

De gewone Altaj waren bang voor Erlik en noemden hem zelden bij zijn naam, maar gebruikten vaker verschillende bijnamen, zoals *kara nama* (iets zwarts), terwijl sjamanen de ondergrondse meester met het grootste respect behandelden en hem de 'barmhartige koning' noemden.

De teksten van sjamanistische rituelen beschrijven Erlik als een oude man met een atletisch uiterlijk: zijn ogen en wenkbrauwen zijn zwart als roet, zijn baard is gespleten en reikt tot aan zijn knieën. Zijn snor is als slagtanden: omgekruld en achter zijn oren gestopt. Zijn hoorns zijn als boomwortels en zijn haar is krullend.

Volgens legendes woont Erlik-khan in de Onderwereld in een paleis van modder of in een paleis van zwart ijzer met een schutting. Zijn paleis staat aan de samenvloeiing van negen rivieren die stromen met menselijke tranen, of aan de oever van de zee Bai-tanis, bewoond door watermonsters. Over de ondergrondse rivier in Erliks wereld is een brug van paardenhaar gespannen en als een van de dode zielen besluit zijn koninkrijk willekeurig te verlaten door op de haarbrug te stappen, breekt de brug af en valt naar beneden en de golven voeren de vluchtende ziel terug naar Erliks paleis.

ERLIK: de Spirit van de Onderwereld

Erlik, de zoon van de Vader-Hemel, heerst over **de Onderwereld**. Hij heeft macht over zielen, over waar en wanneer ze in onze wereld zullen reïncarneren. Sjamanen wenden zich meestal tot hem om zielen terug te brengen die voortijdig naar de onderwereld zijn gegaan voordat hun fysieke lichaam stierf. Afgezien van deze uitzonderlijke gevallen, komen mensen pas na hun dood in het rijk van Erlik terecht.

Erlik is de spirit van ons verleden, onze geschiedenis en onze trauma's, de spirit van dood en wedergeboorte. Hij helpt ons te zuiveren en brengt ons de energie van transformatie. We zien Erlik in de laagste trillingen van depressie en ziekte. Wanneer de energie van Erlik dominant is, zijn we verloren. We weten niet wat we moeten doen en waar we heen moeten.

Wat Erlik eigenlijk wil, is dat we het pad van onze ziel volgen. Hij helpt ons door ons in de juiste richting te duwen. Als we aandacht schenken aan Erlik, kunnen we ons leven transformeren en weer in balans brengen. Als we Erliks duwtje echt begrijpen, kunnen we de nodige aanpassingen in ons leven aanbrengen en weer op het juiste spoor komen. Problemen ontstaan als we geen verbinding maken met de geest en energie van Erlik en weigeren te veranderen.

Erlik wijst ons de weg wanneer we verdwaald zijn of het verkeerde pad kiezen. Ieder mens heeft zijn eigen lot. Als we ons lot niet volgen, brengt Erlik leed in ons leven. Dit is een signaal dat we van ons pad zijn afgeweken. De signalen zijn in het begin klein en zacht, maar worden groter en luider als we er geen gehoor aan geven. Als iemand niet op al deze signalen reageert, kan hij zelfs sterven als gevolg van een ziekte of een ongeluk.

Volgens de legende geeft Erlik mensen ook het waardevolle geschenk om naar andere werelden te reizen. Erlik maakt het mogelijk om de sluier van de geheimen van het leven weg te trekken en de sluier van het onbekende een beetje op te lichten. Erlik doet dit alleen wanneer hij het nodig acht en alleen bij sommige stervelingen. De persoon aan wie hij zijn geheimen toevertrouwt, leert de werkelijke eigenschappen en aard van dingen kennen, evenals de orde en harmonie van alles wat zichtbaar en onzichtbaar is.

Voor degenen die de gave van Erlik hebben ontvangen, is de volgende stap het ontvangen van kracht van Erlik. Nadat hij de geheimen heeft ontdekt, leert deze persoon zijn kracht te activeren. Erlik wijst gidsen aan deze persoon toe om 'onderwezen te worden in de wetten'. Deze moeten bestudeerd en ervaren worden om andere mensen te kunnen dienen.

Een echte sjamaan ontvangt zijn missie in de baarmoeder, maar soms stuurt Erlik zijn openbaringen wanneer dat nodig is. Hij stuurt mensen voorgevoelens over gebeurtenissen om hen voor te bereiden op beslissende momenten. Vervolgens leidt hij hen naar enkele uitzonderlijke mensen die 'zelfbeheersing hebben bereikt'. Met de hulp van de gidsen kan hij ook een voorgevoel over de gang van zaken opwekken.

SJAMANISTISCHE GEBOORTE

De Nenets die in het Siberische poolgebied wonen, wijzen een sjamaan aan op de dag van hun geboorte. Kinderen die 'volledig gekleed'[6] geboren worden, worden later sjamanen. Zij die slechts een 'helm'[7] op hun hoofd dragen, zijn voorbestemd om mindere sjamanen te worden. Naarmate de kandidaat-sjamaan volwassen wordt, beginnen de tekenen van hun roeping zich sterk tc manifesteren: visioenen verschijnen; ze beginnen in hun slaap te zingen en ze genieten van alleen zijn. Na deze periode moet de kandidaat-sjamaan contact opnemen met een oudere sjamaan voor training.

Germaine is 'volledig gekleed' geboren. Dit is het eerste voorteken van haar sjamanistische lot vanuit de hemel. Wanneer het tijd is voor de controle van de pasgeboren baby Germaine, ontdekt de ervaren verloskundige een grote open wond aan haar pols. In al haar jaren als verloskundige heeft ze nog nooit zoiets gezien en ze heeft geen idee hoe dit kan gebeuren in de beschermde cocon van de vruchtzak, die tijdens de bevalling niet eens gescheurd was.

---

[6]Dit wordt een *en caul* of 'gesluierde geboorte' genoemd: de baby wordt geboren in een volledig intacte vruchtzak.
[7] De helm is een gedeelte van het vruchtvlies dat bij de geboorte op het hoofd van de baby zit.

Al snel volgen andere voortekens: Germaine drinkt urenlang geen melk, maar valt niet af. Het is alsof ze gevoed wordt door de Bron.

Germaine is nooit een gewoon kind geweest. Haar ouders realiseren zich al snel dat ze een zeer gevoelige baby in hun handen hebben: een baby die in trance raakt als ze wordt opgetild of als haar kinderwagen schudt op een hobbelige weg. Het is zeker een hobbelige weg voor haar geweest, totdat ze het sjamanisme ontdekt.

Niemand kan echt bepalen of iemand een groot spirituele leraar of sjamaan zal worden vanaf zijn kindertijd of adolescentie, tenzij de persoon opgroeit in een gemeenschap van gelijkgestemden of al vroeg met dit pad in aanraking komt. We worden niet meer geboren in families van khans zoals in Siberië en Mongolië. We worden ook niet opgemerkt door andere sjamanen omdat we ons op een bijzondere manier gedragen. In die zin is het tegenwoordig zeldzaam om als sjamaan geboren te worden. Het is vaak aan ons om zélf onze sjamanistische roeping te vinden.

Als we eenmaal op ons sjamanistische pad zijn, ontdekken we dat er al die tijd kleine voortekens zijn geweest die ons naar ons pad hebben geleid. Vroeg of laat beginnen we aandacht te schenken aan de voortekens en gaan we in de juiste richting lopen.

Om te beginnen manifesteert sjamanistische geboorte zich vaak in de vroege kinderjaren, wanneer de eerste bron van interesse in de wereld van geesten en religie wordt getoond. Soms lijkt deze bron uit het niets te komen, zoals in het geval van de kleine wijze sjamaan Ahamkara.

Ahamkara is pas drie jaar oud als hij terloops tegen zijn moeder zegt dat hij monnik wil worden. Zijn spirituele roeping was al lang aanwezig voordat hij zelf bewust voor zijn spirituele pad koos.

De oorsprong van vroege spiritualiteit is vaak te leiden aan het opgroeien in een religieus gezin. Deze achtergrond zorgt voor een affiniteit met de spirituele wereld en de aanwezigheid van onzichtbare krachten buiten de materiële wereld. Dit kunnen wel degelijk de eerste babystapjes vormen op het spirituele pad van een sjamaan.

Germaines vader groeit op in een katholiek gezin van nonnen en priesters. Germaine begint haar schoolcarrière op een Katholieke basisschool. De kleuterschooltijd is bijzonder intens voor haar als hoogsensitief kind. Als ze in de klas zit en alle energieën om zich heen voelt, raakt ze erg vermoeid. Gelukkig laten de nonnen haar overdag een dutje doen, zodat ze weer kan opladen.

Na de basisschool wilt Germaine naar het klooster om non te worden. Haar vader is geschokt als hij dit hoort. Uiteindelijk gaat ze naar een gewone middelbare school, maar haar passie voor de kerk blijft. Voor haar zijn dit de heilige plaatsen waar haar ziel rust vindt.

Mura was in haar jeugd bestempeld als een dromer met een rijke fantasie. Terwijl haar ouders niets met de kerk te maken willen hebben, wilt zij non worden en is ze als klein meisje erg geïnteresseerd in God en de kerk.

Mura's moeder is opgevoed door streng protestantse ouders en heeft in de loop der jaren een grote afkeer voor de kerk en spiritualiteit ontwikkeld. Mura's vader daarentegen groeit op in een circusfamilie waar tarotkaarten en glazenbollen deel uitmaakt van hun leven. Zijn familie beoefent ook spiritisme: zijn tantes laten tafels dansen en glazen door de kamer vliegen. Deze ervaringen maken hem uiteindelijk erg bang voor alles wat op occultisme lijkt.

Als tiener verbieden Mura's ouders haar om zich bezig te houden met paranormale zaken en spiritualiteit, terwijl haar interesse haar steeds meer in die richting leidt. Ze leest stiekem boeken en luistert naar radioprogramma's over paranormale verschijnselen.

Ik ben opgegroeid in een religieus gezin. Mijn overgrootvader was een imam (een islamitische gebedsleider), dus gebed en religieuze rituelen maakten deel uit van het dagelijks leven, vooral aan mijn moeders kant van de familie.

Ik heb nooit naar God hoeven zoeken. Ik groeide op met het besef dat Hij overal was, van het glas water op onze tafel tot de uitgestrekte oceanen vol met miljoenen prachtige wezens. Als ik nu terugkijk, ben ik dankbaar dat ik dit bewustzijn vanaf het begin heb meegekregen.

Zelfs als kind ontving ik al heel wat kennis over de dood en het leven na de dood. In die zin was ik me altijd scherp bewust van het belang om me niet te hechten aan de materiële wereld en van het bestaan van werelden buiten onze vijf zintuigen.

Ik heb ook periodes in mijn leven gehad waarin ik twijfels en problemen had met wat ik zag als strenge religieuze regels en verplichtingen. Voor mij is de kern van religie altijd geweest om bewust de

aanwezigheid van God in alles te zien, te horen, te ruiken, te proeven en aan te raken.

SJAMANISTISCHE VOORTEKENS

Een sjamanistische roeping komt niet zomaar op ons af. Het is een belangrijke boodschap die voor ons bestemd is vanuit de geestenwereld. Het is bedoeld als hulp bij het vervullen van het lot van onze ziel.

Als we niet als sjamaan geboren of opgevoed zijn en dit pad pas later in ons leven vinden, hoe herkennen we dan de belangrijkste **voortekens van een sjamanistische roeping** in ons leven?

Voorteken #1:
Diepe empathie

Kinderen met een sjamanistische roeping hebben een diepgeworteld gevoel voor empathie en een natuurlijk vermogen om op een ongewoon niveau contact te maken met anderen. Sjamanistische kinderen zijn meestal erg gevoelig en voelen dingen aan die buiten het normale vallen. Ze kunnen echt van streek raken door gewelddadige of pijnlijke scènes. Terwijl andere kinderen even huiveren of bang zijn bij iets op tv of in een film, blijven zulke scènes bij kinderen met een sjamanistische roeping in hun hoofd hangen. Ze kunnen zich precies inleven in hoe het is om in de schoenen van iemand anders te staan en zijn ernstig van streek door de pijn en het lijden van anderen. Dit is **diepe empathie**, het vermogen om de gevoelens van anderen te ervaren.

A hamkara is altijd een scherpzinnige beschouwer van zijn omgeving geweest. Hij voelde altijd de drang om goed te luisteren naar de mensen om hem heen en was nieuwsgierig naar hoe zij zich voelden en reageerden.

Voorteken #2:
Helderziendheid en helderhorendheid
Helderziendheid is de gave van het zien. Het is het vermogen om dingen te zien, of het nu gaat om bijbedoelingen en intenties in de fysieke wereld of om aura's en spirituele energieën. Veel helderzienden kunnen de energieën van mensen lezen, weten wanneer iemand ziek is en zelfs welk deel van het lichaam of welk fysiek orgaan niet in orde is. Ze kunnen zich op psychisch niveau op andere mensen afstemmen. Helderziendheid leidt vaak tot dromen en visioenen.

Helderhorendheid is het vermogen om dingen uit de geestenwereld te horen of auditieve informatie uit subtiele dimensies te ontvangen. Kinderen met helderhorendheid beweren vaak dat ze bomen, planten en dieren tegen hen horen praten. Bovendien zijn deze kinderen sterk verbonden met het goddelijke, met hun hogere zelf of met spirituele gidsen.

Mura is geboren als een hoogsensitief kind, maar haar ouders zien dat niet als zodanig. Tijdens haar jeugd voelt ze zich altijd thuis bij engelen en natuurwezens. Haar ouders begrijpen haar niet echt, dus ze moet zelf een manier vinden om met haar spirituele gaven om te gaan.

Als Mura als kind geesten ziet, verzint ze fantasieverhalen over hen, zodat ze niet bang hoeft te zijn. Ze slaapt met haar rug tegen de muur, opgerold onder haar deken, zelfs op warme zomernachten. Ze durft niet uit deze 'bubbel' te komen die ze voor zichzelf heeft gecreëerd, totdat ze op 20-jarige leeftijd trouwt.

Voorteken #3:
Een sterke band met de natuur

Een natuurlijke affiniteit met de natuur, alle levende wezens en plantensoorten is een andere duidelijke signaal dat een kind op een bepaald moment in zijn leven in contact zal komen met zijn sjamanistische wortels. Voor mensen met een sjamanistische roeping in het leven is het gevoel van **ccnhcid met de natuur** een diep emotionele, mentale en spirituele ervaring. Dit hangt ook sterk samen met hun diepe gevoel voor empathie.

Ahamkara heeft geen familie met een sjamanistische afkomst. Toch heeft hij het geluk dat hij een jonge moeder heeft en als kind de wijsheid van zijn grootouders en overgrootmoeders heeft mogen ervaren. Het zijn deze drie generaties vrouwen die met hem door de bossen van het Oeralgebergte wandelen. Het zijn deze wijze vrouwen die hem zijn eerste lessen leren over groenten, planten, geneeskrachtige kruiden en paddenstoelen in het bos.

De natuur is medicijn; planten zijn medicijn – dit is de wijsheid waarmee hij opgroeit. Hij helpt zijn familie in de tuin en leert met zijn handen te werken met Moeder Aarde.

Geboren en getogen in de uitgestrekte wildernis van Siberië is hij zijn hele vroege jeugd omringd door de wilde natuur. De natuur is diep geworteld in zijn wezen en hij voelt altijd een intieme band met de geesten van de natuur.

Al die lange wandelingen uit zijn kindertijd in de eindeloze bossen van Kushva, toen hij vol verwondering om zich heen keek en de energie van de natuur inademde... Hij houdt nog steeds van het bos en de planten die hij als kleine jongen leerde kennen.

En hij blijft lopen. De energie van de natuur is er altijd om hem te voeden. Het bos voedt letterlijk zijn lichaam en zijn ziel. Het bos is dé plek waar hij urenlang kan wandelen zonder zelfs maar trek te krijgen. Dit is bijzonder voor hem, omdat hij normaal gesproken erg van eten houdt.

Voorteken #4:
Leeftijdsonafhankelijke wijsheid

Veel sjamanistische kinderen worden vaak bestempeld als **wijs voor hun leeftijd**. Kinderen met sterke sjamanistische vermogens zullen altijd op jonge leeftijd uitblinken in iets. Dit komt op vele manieren tot uiting, van hun intellectuele en academische vooruitgang en volwassenheid op school tot hun unieke intuïtie, medeleven en empathie.

Germaine is pas 12 jaar oud als ze tegen haar moeder zegt: "Ik ben zo oud, veel ouder dan jullie allemaal." Germaines moeder is verbaasd, maar ze doet haar best om haar te kunnen begrijpen. Terwijl de kinderen van haar vriendinnen bezig zijn met hun uiterlijk en make-up, heeft zij een kind dat praat alsof ze een oude, wijze oma is.

"Wat voel je nog meer als dit soort gedachten bij je opkomen?", vraagt haar moeder met een bezorgde blik op haar gezicht.

"Dat er geen tijd is", antwoordt ze, terwijl haar moeder haar aankijkt.

SJAMANISTISCHE ZIEKTE

Spirits komen voor het eerst naar een sjamaan in de kindertijd, adolescentie of aan het einde van een cyclus van 12 jaar: op 24-, 36-, 48-jarige leeftijd, enzovoort. Dit kan zich manifesteren in het verliezen van het geheugen, verstand of spraakvermogen van de sjamaan. Ze kunnen een onbegrijpelijke taal spreken, vreemde en beangstigende dingen doen of vatbaar worden voor verschillende verslavingen. Het is vaak onmogelijk om hier alleen mee om te gaan. Dergelijke aandoeningen die door spirits worden veroorzaakt, worden **sjamanistische ziekten** genoemd.

Spirits die naar een potentiële sjamaan komen, kunnen zich manifesteren als mensen, dieren, vogels of als mensachtige wezens met dierenkoppen. Anderen zien ze niet en begrijpen misschien niet wat er gebeurt. In de Sovjettijd probeerde men zulke mensen te behandelen door hen te diagnosticeren met epilepsie of schizofrenie. Vroegtijdige dood of waanzin is een veelvoorkomend lot van sjamanen die psychiatrische behandelingen ondergaan.

In traditionele gemeenschappen werd sjamanistische ziekte helemaal niet door artsen behandeld, maar was het een soort signaal voor de mensen, een indicatie dat er een nieuwe persoon door de spirits was gekozen. Oudere familieleden die deze sjamanistische voortekens herkenden, nodigden een sjamaan uit om deze persoon te helpen. Deze sjamaan riep vervolgens spirits op om te bepalen wat er met hen aan de hand was en om deze persoon te helpen een nieuwe weg in te slaan. De sjamaan ontdekte bijvoorbeeld de namen van de vooroudergidsen die tijdens deze sjamanistische ziekte waren gekomen en legde uit wat er met deze kennis moest gebeuren.

Wanneer spirits een persoon kiezen, onderwerpen ze hen aan een pijnlijke ziekte, waarbij ze een krachtproef moeten doorstaan. Na hun herstel zijn ze niet meer dezelfde en kunnen ze deze gave die ze hebben ontvangen niet weigeren door er geen gebruik van te maken. Zodra een persoon hun lot als sjamaan heeft aanvaard, verdwijnen ziekten en ernstige aandoeningen, maar de beproevingen gaan hun hele leven door. Door elke beproeving te overwinnen, groeien sjamanen spiritueel en onthullen ze hun potentieel.

Volle Maan, SEPTEMBER 2015,
Grolloo (NL)

Germaines vader is in augustus overleden. Sindsdien voelt ze zich niet goed. Het is niet alleen verdriet dat ze voelt. Ze denkt voortdurend aan haar vader. Het is alsof hij bij haar is, zelfs in haar en via haar probeert te praten.

Tot die besliste septemberavond... De avond die haar hele leven verandert. Het is volle maan. Ze komt uit bed en valt neer. Ze raakt in een diepe trance. Ze verliest volledig het contact met de materiële werkelijkheid. Haar lichaam trilt en ze praat voortdurend en geeft boodschappen door uit de geestenwereld.

Haar man kijkt haar wanhopig aan. Hij weet niet wat hij moet doen. Ze reageert niet op hem en het lijkt steeds erger te worden. Hij herkent de zijn lieve vrouw niet meer. Hij kan haar niet bereiken. Hij kan haar niet helpen.

Hun kinderen raken in paniek: "Wat is er met mama aan de hand? HELP!!!" roepen ze. Germaines man probeert haar lichaam in bedwang te houden door haar te omhelzen. Niets lijkt te helpen...

Hij belt de ambulance voor hulp. Ze komen aan en nemen haar mee. Ze zeggen dat ze in een psychose is geraakt en behandeld moet worden door de GGZ[8].

Dit is de dónkerste nacht van Germaines ziel. Ze geven haar kalmeringsmiddelen en brengen haar in slaap. Als ze wakker wordt, heeft ze in haar droomwereld verschillende dimensies bezocht. Ze heeft Jezus en Maria gezien. Ze heeft zelfs de stem van God gehoord. Maar ze durft dit nog aan niemand te vertellen.

Na haar verblijf bij de GGZ biedt Germaines zus aan om voor haar te zorgen in haar eigen huis. Dankzij deze zes weken van zusterlijke zorg kan ze herstellen en weer op krachten te komen.

Sjamanistische ziekte komt in verschillende vormen voor. Bovenal is het een uitnodiging tot genezing. Deze uitnodiging herhaalt zich totdat je haar volledig accepteert. Dit pad is bezaaid met borden, splitsingen, bochten en keuzes. Zodra je de roeping duidelijk hoort, begin je het pad te bewandelen, op je eigen tempo.

---

[8] Geestelijke gezondheidszorg

2004,
Assen (NL)

Mura's leven neemt een scherpe wending op 39 jarige leeftijd. Haar hele leven staat op zijn kop. Haar huwelijk gaat door een moeilijke fase; haar vier kinderen kampen met problemen: haar hele wereld lijkt een grote puinhoop.

Toch weet ze diep van binnen dat zij de enige is die hier verandering in kan brengen. Ze weet dat ze haar eigen pijn en trauma's moet verwerken, zodat ze haar rust en zelfvertrouwen weer kan vinden.

Dit is hard werken, maar hier begint voor haar het echte leerproces, op de school van het leven. Hoe meer ze zichzelf geneest, fysiek, mentaal en spiritueel, hoe meer vrijheid ze voelt om het leven te leiden dat ze zelf kiest. Haar eigen ervaring wordt haar motto: *Genees eerst jezelf, voordat je anderen kunt genezen.*

Nieuwe Maan, MEI 2013,
Rotterdam (NL)

Ik ben nog steeds vol van onze droomreis in Zuid-Amerika – we zijn naar het andere eind van de wereld geweest en weer terug. Daar, in de bergen en valleien van Argentinië, voel ik de uitgestrektheid en overvloed van de natuur in mijn botten. Daar zie ik zoveel schoonheid dat de tranen me in de ogen springen.

En net als toen we in 2008 de leefgebieden van de inheemse Indianen in Noord-Amerika bezochten, voel ik een diepe verbondenheid met de inheemse volkeren van Zuid-Amerika, vooral met de geest en tradities van de Yámana-indianen uit Ushuaia.

Ik ben zo ontroerd dat ik na onze terugkeer naar Nederland meer over de Yámana ga lezen. Ik ontdek dat dit een stam was waar vrouwen zeer gerespecteerd werden en waar de vrouwen de sjamanen waren. Ik fantaseer dat ik ooit in deze bijzondere uithoek van de wereld heb gewoond, in Vuurland – Tierra del Fuego. Zou ik in een vorig leven een Yámana-medicijnvrouw zijn geweest?

Met de overvloed en mysteries van Zuid-Amerika in mijn hart keer ik terug naar mijn dagelijkse routine. Toch voel ik diep van binnen dat er iets in mij is veranderd.

Deze subtiele verandering vertaalt zich in een enorm geschenk: ik ben eindelijk zwanger, op natuurlijke wijze! Het voelt als een wonder na drie jaar proberen, waaronder twee jaar van mislukte medische ingrepen. Onze wonderbaby is nu onderweg.

Met een zingend hart gaan we naar de 6 weken echo om de hartslag van onze kleine held te horen.

Stilte. Geen hartslag. Ongeloof. Tranen. Verwoeste dromen.

Proberen de hoop vast te houden. Twee weken bidden. Geen miskraam.

Volgende echo. Geen hartslag. Mijn baby is dood, in mij.

Wachten, nog vier weken. Rouwen. Niet in staat om deze baby los te laten waar we zo lang naar hadden verlangd.

En dan, nieuwe maan, mei 2013. Het is tijd. Dit is geen miskraam, maar een bevalling. Weeën, erdoorheen ademen, bloeden, loslaten. 16 uur bevallen.

Een geboorte. Een keerpunt. De dag erna: Moederdag. Rouwen om het verlies van onze baby, op Moederdag. Het besef: ik herhaal het verleden, of eigenlijk, háár verleden – de verliesgeboorte van mijn moeder.

MEI 1985,
Istanbul (TR[9])

Na 8 jaar lang enig kind te zijn geweest, word ik nu eindelijk een grote zus. Sinds het begin van de bevalling van mijn moeder logeer ik bij mijn grootouders. Het is altijd leuk om bij hen te logeren, want mijn tante is maar tien jaar ouder dan ik en ze vindt het nog leuk om met me te spelen en te kletsen. Mijn tante is een grote zus voor me, die ik nooit heb gehad.

We krijgen het nieuws dat mijn zusje is geboren. Na het eten zoek ik samen met mijn tante een naam voor mijn zusje, omdat mijn ouders eigenlijk op een broertje hadden gerekend.

We bladeren door scheurkalenderbladen op zoek naar namen die rijmen op mijn naam. Turkse afscheurkalenders hadden destijds voor elke dag een naamvoorstel: één voor een jongen en één voor een meisje. We maken een lijstje en mijn favoriet is 'Mine', de Turkse naam voor de prachtige kleine blauwe vergeet-mij-nietjes.

Dat waren nog eens tijden, de tijden vóór het internet. Als het nu was, had ik waarschijnlijk op internet gezocht naar de symbolische betekenis van deze bloem die me zo aansprak, en had ik gelezen: *Vergeet-mij-nietjes kunnen je helpen om weer in contact te komen met je spirituele zelf en je verleden.*

VERGEET-ME-NIET. Die avond had ik nog geen idee dat de volgende dag een gebeurtenis met zich zou brengen die de rest van mijn leven en dat van

---

[9] Turkije

mijn familie zal veranderen; dat deze kleine baby nooit zou worden vergeten.

Na het zoeken naar namen kijk ik samen met mijn tante naar een film op de zwart-wit tv in de woonkamer. Dat waren nog eens tijden, toen je nog geen afstandsbediening nodig had omdat zappen niet nodig was: er was maar één kanaal op de Turkse tv en maar één film om die avond te kijken. Geen andere keuze dan een film over een autistische jongen: een jongen die gefixeerd was op het ronddraaien van een rond voorwerp, dat hij steeds rond en rond draaide en ernaar toe keek.

Ik had nog nooit van autisme gehoord voor ik deze film zag en het geeft me een naar gevoel, alsof er iets ernstigs gaat gebeuren. Het is de eerste keer dat ik zie dat er iets vreselijk misgaat met een klein kind. Tot dat moment wist ik niet eens dat dit mogelijk was. Ik dacht dat je oud moest zijn om ziek te worden of te sterven.

Met deze film in mijn hoofd ga ik naar bed. Ik slaap in de kamer van mijn tante, waar ik altijd slaap als ik bij mijn grootouders logeer.

Morgen is de grote dag. Ik ga mijn zusje ontmoeten. Ik ga mijn moeder knuffelen en haar Moederdag vieren. We zullen nog lang en gelukkig leven!

De dag erna. We worden plotseling wakker door de telefoon die luid rinkelt in de woonkamer. In Turkije is een plotseling telefoontje meestal een teken van slecht nieuws. Net als die dag toen mijn oma ons 's morgens vroeg belde om te vertellen dat de dochter van haar zus op 35-jarige leeftijd plotseling was overleden en mijn moeder, die de telefoon opnam, in tranen uitbarstte...

Deze keer is het mijn oma die de telefoon opneemt. We blijven in onze slaapkamer. Ik kan het gesprek niet echt volgen, maar mijn tante luistert aandachtig, met haar oren wijd open. Ik vraag haar om me te vertellen wat er aan de hand is. Ze maant me tot stilte, zodat ze het hele verhaal goed kan horen.

En dan... Mijn tante is in shock. Ze vertelt het verhaal zoals het is, in al zijn naakte realiteit, en begint te snikken.

In die zonnige slaapkamer, de plek waar ik mijn mooiste herinneringen aan mijn logeerpartijtjes bij mijn grootouders heb, hoor ik het ergste nieuws van mijn leven: mijn zusje is dood. Het is al te laat voor het plan van mijn oma om het nieuws te verzachten door te zeggen dat mijn zusje ziek is.

Ik bevries. Ik kan het gewoon niet bevatten. Ik weet alleen dat het nog steeds Moederdag is. Ik móet naar mijn moeder om haar Moederdag te vieren.

Mijn tante en ik gaan samen naar het ziekenhuis. We nemen de bus en komen aan in de buurt van het ziekenhuis. We zoeken eerst een bloemenwinkel. Ik kies een boeket paarse hyacinten voor mijn moeder. De bloem van de lente. In mijn favoriete kleur. Een van mijn favoriete bloemen, met de sterkste geur die je ziel doordringt. De bloem die me nog steeds terugvoert naar die dag, naar het 8-jarige meisje met een boeket paarse hyacinten, dat met haar tante naar het ziekenhuis loopt.

Terwijl we lopen, vertelt mijn tante me dat mijn zus nu een engel is, die door de zoete landschappen van de hemel wandelt, met rivieren van melk en honing, bomen vol fruit en goud. De hemel, de plek waar alles perfect is en al je wensen onmiddellijk uitkomen.

Ik ben nieuwsgierig. Het is de eerste keer dat ik over de hemel hoor. Ik vraag om meer details. "Je hoeft niet naar het toilet in de hemel", zegt mijn tante. Dat klinkt goed!

Mijn tante voegt eraan toe dat mijn zus meteen naar de hemel is gegaan omdat ze puur geboren is en puur gestorven is, zonder zonde. Dat klinkt ook mooi, zus! 'Hoe zit het met ons? Kunnen wij ooit bij jou komen?' vraag ik me dan af.

We komen aan bij het ziekenhuis. Als de deur van de ziekenhuiskamer opengaat, zie ik mijn vader huilen. Hij moet al lang hebben gehuild. Zijn gezicht is helemaal rood. Ik heb mijn vader nog nooit zien huilen, nooit!

Ik loop naar mijn moeder, met mijn paarse hyacinten. Zij huilt niet. Ze lijkt leeg, bevroren. Mijn moeder is weg – mijn moeder zoals ik haar kende. Ze is verloren in een zee van verdriet... En dat op Moederdag...

Ik word naar mijn vader getrokken terwijl hij me omhelst op het ziekenhuisbed waar mijn moeder ligt. Ik voel zijn warme tranen van zijn wangen naar mijn wangen stromen. Veilig in de armen van verdriet... Mag ik hier nog éven blijven?

Nee! Ik voel opeens de blikken van de andere gasten in de kamer. De oom van mijn vader en zijn familie zijn er op bezoek. Ik had ze al gezien toen ik de kamer binnenkwam, maar ik was meteen naar mijn ouders gelopen.

De kamer voelt nu vol met hun aanwezigheid. Vooral die van die oom. De oom zegt: "Je moet sterk zijn voor je levende kind."

Mijn vader stopt met huilen.

Het is alsof de wereld op dat moment stilstaat en de andere kant op begint te draaien.

Dit is het moment waarop ik voor het eerst voel: 'Vanaf nu ben ik verantwoordelijk voor het geluk van mijn ouders.' Mijn vader is gebroken, mijn moeder is bevroren en ik ben het licht in huis dat moet schijnen. De vreugdevolle gedachte van de 8-

jarige ik, de zware last die ik jarenlang op mijn schouders blijf dragen...

Zeker tot precies 28 jaar later, tot die Moederdag waarop ik een miskraam krijg – de dag waarop ik mijn roeping ontvang, de roeping om mezelf te genezen.

SJAMANISTISCHE ROEPING

Als het sjamanisme niet via je familie aan je is doorgegeven, is het nog steeds mogelijk om sjamaan te worden. Sjamanisme is namelijk een roeping. De **sjamanistische roeping** is een keuze van de spirits, en iedereen – *ook jij* – kan geroepen worden om sjamaan te worden.

De sjamanistische roeping hoeft niet eens gepaard te gaan met een ziekte of een openbaring. Een sjamaan is ook een gewoon mens. Een baby die speelt, een kind dat naar school gaat, een tiener die met vrienden uitgaat, een jongvolwassene die naar de universiteit gaat.

ZOMER 2000,
Jekaterinenburg (RUS)

Ahamkara studeert om civiel ingenieur te worden. Hij leest niet alleen zijn studieboeken. Hij is gefascineerd door de wereld van het sjamanisme en begint daarom onderzoek te doen naar dit boeiende onderwerp. Dit zijn de jaren waarin spirituele leringen een hergeboorte doormaken in Rusland na jaren van Sovjetsecularisme, waarin religie en spiritualiteit tot de privésfeer waren beperkt.

Tegen het einde van zijn studie, rond zijn 23e, gaat Ahamkara samen met een vriend naar een lezing van de Altaj sjamaan Arzhan. Vanaf het moment dat hij sjamaan Arzhan ontmoet, is hij onder de indruk van zijn wijsheid en energie. Dit is ook het moment waarop hij de eerste fluisteringen van zijn sjamanistische roeping hoort, maar hij heeft nog tijd nodig om deze roeping gehoor te geven.

HERFST 2001,
Jekaterinenburg (RUS)

Ahamkara volgt het logische pad voor een jonge, hoogopgeleide man, het pad dat hij geacht wordt te volgen na zijn universitaire opleiding.

Nadat hij als jonge en veelbelovende ingenieur is afgestudeerd, gaat hij aan de slag in een militaire fabriek. Hij krijgt meteen de leiding over zijn eigen team. Het feit dat hij baas is en mensen onder zich heeft die ouder en meer ervaren zijn dan hem, maakt hem trots en geeft een boost aan zijn ego als pas afgestudeerde.

Hij verdient een goed salaris en er is bovendien een aantrekkelijk programma voor jonge ingenieurs die 'de fabriek nieuw leven inblazen'. Dit programma is bedoeld om hun loyaliteit aan hun baan en het bedrijf te verzekeren. De belangrijkste stimulans voor jonge ingenieurs is dat ze een gratis appartement krijgen als ze zich committeren om nog vijf jaar voor het bedrijf te werken. Dit is ook niet zomaar een gratis huurappartement; ze worden gewoon de eigenaar van het appartement.

Ahamkara krijgt dit mooie aanbod voor een appartement. Het appartement wordt gebouwd en hij hoeft nog maar een jaar te wachten voordat hij erin kan wonen. Deze enorme stimulans vormt op dat moment een enorme uitdaging voor hem. Als hij nog een paar jaar doorwerkt, zou hij zijn baan kunnen opzeggen, eventueel zijn appartement kunnen verkopen en zo een flink bedrag kunnen ontvangen.

Maar hoewel hij aan het begin van zijn carrière staat, knaagt er diep van binnen aan hem dat zijn leven hem niet vervult. Het aanbod van het bedrijf maakt het echter erg moeilijk voor hem om te vertrekken. Het comfortabele leven dat hij voor zichzelf heeft opgebouwd en de generositeit van het bedrijf houden hem als het ware tegen en trekken hem energetisch naar zich toe.

Al deze voordelen liggen voor het grijpen, maar hij voelt zich niet gelukkig. Hij is pas 24 jaar oud, maar hij ziet zijn leven al voor zich: hij zal zijn hele leven in een militaire fabriek werken; zijn carrière zal zich ontwikkelen tot afdelingshoofd; hij zal het appartement dat hij van het bedrijf krijgt bezitten, één keer per jaar op vakantie naar het strand gaan en over dertig jaar met pensioen gaan.

Dit vooruitzicht geeft hem het gevoel dat hij alleen maar voor geld en comfort zal werken. Maar als hij zich voorstelt dat hij dit de rest van zijn leven zal moeten doen, voelt het echt deprimerend. Het is alsof het leven hem uitdaagt en hem de vraag stelt: *Wat is jouw ware pad?*

Hij staat op een kruispunt. Hij moet zijn angst voor verandering onder ogen zien en een keuze maken: Volgt hij zijn verlangen naar het comfortabele leven dat hij al is begonnen te leiden, of gaat hij de angstaanjagende onzekerheid van een compleet nieuw leven tegemoet?

Blijft hij in de stad wonen met een goede baan om het gezin te onderhouden dat hij wilt stichten? Bewandelt hij het reguliere, logische pad van zekerheid, of volgt hij zijn hart, zijn spirituele roeping? Om te groeien op zijn spirituele pad, moet hij zijn leven opgeven, zijn carrière beëindigen, zijn huidige woning verlaten en verhuizen naar het bergdorp van zijn leraar in de Altaj. Hij heeft geen idee wat hem daar te wachten staat. Waar zal hij wonen? Wat zal hij doen? Hoe zal hij daarna zijn inkomen verdienen?

Tegen de tijd dat Ahamkara het appartement van zijn bedrijf daadwerkelijk ontvangt, heeft hij eigenlijk al besloten zijn baan op te zeggen en de sjamanistische opleiding in de Altaj te volgen. Voor hem was de keuze voor het sjamanistische pad geen plotselinge openbaring, maar eerder een geleidelijk proces van overweging. Hij begint erover na te denken, het te voelen, erover te praten met zijn naasten en zijn opties te onderzoeken.

Terwijl hij nog aan het reflecteren is, zegt sjamaan Arzhan het volgende tegen hem: "Het is tijd voor jou om het sjamanistische pad te bewandelen, maar je kunt ook gewoon je huidige leven blijven leiden. Dit is slechts een uitnodiging. De keuze is aan jou." Er is geen druk, maar een uitnodiging om deel te nemen aan de sjamanistische opleiding van zijn leraar.

De visie van zijn leraar is wél dat het sjamanistische pad zijn levenspad zou kunnen zijn. Deze uitnodiging maakt uiteindelijk het verschil voor Ahamkara. De leraar roept de leerling naar het sjamanistische pad, en de ziel van de leerling antwoordt: 'Ik moet vertrekken. Ik moet de sprong wagen en de roep van mijn hart volgen.'

De roep van de sjamaan. De roep van de leraar. De roep van de Altaj. Dit was het laatste zetje dat Ahamkara nodig had om zijn roeping te volgen. En zo neemt hij afscheid van zijn baan en zijn leven zoals hij het kende achter zich en begeeft hij zich naar het onbekende.

Een sjamanistische roeping kan zich subtiel manifesteren, zoals in het geval van Ahamkara. De **tekens van een sjamanistische roeping** kunnen zich ook vertonen op andere manieren in je levenspad:

Teken #1:
Je vindt het vaak moeilijk om je aan te passen aan een groep, omdat mensen je niet begrijpen en omdat jij je gevoelens en visies niet met hen kunt delen.

Sjamanen waren in de meeste culturen 'einzelgänger'. Ze woonden vaak aan de rand van het dorp en werden vaak als 'anders' of excentriek beschouwd. Vanwege hun unieke gaven en gevoeligheid konden sjamanen zich nooit echt aanpassen aan de doorsnee maatschappij, omdat ze een brug vormden tussen de zichtbare en onzichtbare wereld. Desondanks werden ze gerespecteerd voor de wijsheid die ze deelden.

Teken #2:
Levendige vliegdromen en profetische dromen

Heb je gemerkt dat jouw dromen uitkomen? Sommige sjamanen worden geboren met een natuurlijk vermogen om tussen werelden te reizen, informatie te verzamelen en zelfs visioenen van toekomstige gebeurtenissen te zien in hun dromen.

Teken #3:
Vaak voorkomende déjà-vu-gevoelens

Dit is het gevoel dat je hier hoort te zijn en hier al eerder bent geweest, alsof je je afstemt op een vooraf bepaald pad. Dit soort ervaringen zijn niet verrassend, aangezien sjamanen zeer gevoelig zijn en hun vermogen om tussen werelden te reizen hen de mogelijkheid biedt om te zien wat er gaat gebeuren voordat het daadwerkelijk gebeurt.

Teken #4:
Sterke verbondenheid met de natuur, planten of dieren

Je hebt het gevoel dat je alleen in de natuur echt jezelf kunt zijn. Je voelt je thuis in de natuur. De band die je met de natuur hebt is niet oppervlakkig, maar heel diepgaand. Je put energie uit elk levend wezen om je heen.

Teken #5:
Je voelt je aangetrokken tot kruiden of natuurlijke geneesmiddelen en weet instinctief wat je nodig hebt.

Met behulp van de wijsheid van de spirits kunnen sjamanen natuurlijke kruidenmengsels maken om zowel het energetische als het fysieke lichaam te genezen. Interessant is dat veel kruiden die in het traditionele sjamanisme voor genezing worden gebruikt, inmiddels wetenschappelijk zijn gevalideerd. Als je je van nature aangetrokken voelt tot de tuin en keuken om kwaaltjes te genezen met kruiden, kan dit een teken zijn van een (vroegere) connectie met de wereld van het sjamanisme.

Teken #6:

Je voelt je opgewekt, vrolijk of kalm als je het geluid van een drum hoort.

Sjamanen gebruiken drums om hen te helpen bij het reizen naar andere werelden of om te verbinden met de spirits. Als je een sterke passie hebt voor het geluid van drums, kan dat een teken zijn dat je wortels hebt in het sjamanisme.

Teken #7:

Bijna-dood-of buitenlichamelijke ervaring

Om sjamaan te worden, moet men een proces van 'dood en wedergeboorte' ondergaan, dat zich vaak manifesteert als een tijdelijke ziekte of een schokkende crisis. Door deze ervaring te kunnen overwinnen en te kunnen genezen, laten toekomstige sjamanen alles los wat ze als waarheid beschouwen en gaan op zoek naar de wijsheid die ze voorbestemd zijn te verwerven.

Teken #8:

Beroep gerelateerd aan het helpen, helen of genezen

Misschien heb je je roeping al gevonden in een beroep waarin je anderen helpt. Je zet je wellicht al in voor het welzijn van mensen of dieren, bijvoorbeeld in de geneeskunde, psychologie of als vrijwilliger in de sociale sector.

Als je dit boek leest, herken je wellicht veel van de tekenen van een sjamanistische roeping. Het laatste teken van een sjamanistische roeping is echter vaak het krachtigste teken omdat het bepaalt of je het sjamanistische pad zult volgen. Uiteindelijk schuilt de kracht van sjamanen niet alleen in hun gaven, maar ook in hun oprechte verlangen om anderen te helpen hun welzijn te verbeteren. Het vermogen om anderen te helpen hangt dan ook af van de kracht van iemands persoonlijkheid en wilskracht.

**2005,
Valthe (NL)**

Mura ontvangt haar eerste sjamanistische roeping tijdens haar opleiding tot regressietherapeut. Tijdens een weekend van haar opleiding wordt er ook een vuurceremonie georganiseerd door een Indonesische sjamaan.

Tot dat moment denkt ze namelijk dat sjamanen 'charlatans' zijn. Wanneer ze deelneemt aan deze vuurceremonie, krijgt ze plotseling een sterk déjà-vu-gevoel: dit is niet de eerste keer dat ze een vuurceremonie bijwoont. Ze voelt ineens dat ze in vorige levens honderden van deze ceremonies heeft bijgewoond. Ze is zelfs degene geweest die het vuur aanstak en de ceremonie leidde. Op dat moment voelt ze vreugde en herkenning, maar ook nog een diepe angst in haar opkomen.

In de zomer van 2005 ontmoet Mura Ahamkara voor het eerst tijdens het *Shamanic Teachings Festival* in Nederland. Het is de tweede keer dat hij daar lesgeeft.

Ahamkara is dan 28 jaar oud. Hij is jong, verlegen en mysterieus. Voor Mura is hij bijzonder omdat hij niet zo dominant en zichtbaar is. Ze vindt dat de andere sjamanen op het festival in hun traditionele kleding rondlopen met een groot ego. Ahamkara daarentegen ziet er heel gewoon uit in zijn joggingbroek en spirituele T-shirt. Toch voelt Mura zijn wijsheid: 'Hij weet het. Ik weet niet wat hij weet, maar hij weet het,' zegt haar innerlijke stem.

Mura krijgt tijdens het festival ook een reading van hem. Op dat moment werkt Ahamkara samen met een Russische vertaalster, Olga. Mura heeft een reeks vragen voor de reading voorbereid en op een klein papiertje geschreven.

Olga begint met: "Open jouw hart!". Op dat moment, wanneer Ahamkara ook zijn hart opent, voelt het alsof gigantische kathedraaldeuren zich voor Mura openen. Het is alsof ze zich in een ruimte van alwetendheid bevindt. Ze slaagt erin alle praktische vragen over haar leven te stellen die ze van tevoren had voorbereid, maar de reading laat een blijvende indruk op haar achter, omdat ze een bijzondere gevoel krijgt dat ze alles weet, maar tegelijkertijd ook helemaal niets weet.

Onze eerste sjamanistische roeping is meestal een memorabel moment. De sjamanistische roeping is echter geen eenmalige gebeurtenis. De eerste roeping kan aanvoelen als een zacht gefluister in je oor. Deze roeping kan zich herhalen om gehoord te worden en uiteindelijk uitgroeien tot een schreeuw, totdat je uiteindelijk besluit deze roeping gehoor te geven.

2011,
Valthe (NL)

Germaine en haar vriendin volgen de eerste les van de sjamanistische healer opleiding die Ahamkara aanbiedt in het spirituele centrum Mirre. Voor de eerste oefening moeten ze contact maken met de Spirit van de Wolf. Zodra Ahamkara begint te drummen, raakt Germaine in een diepe trance en valt ze met haar gezicht op de grond. De klas raakt in paniek en is vervolgens verbaasd dat ze ongedeerd blijft.

Germaine ervaart haar eerste sjamanistische opleiding als intens. Tijdens deze jaaropleiding herkent Ahamkara haar sjamanistische gaven al en vertelt haar dat ze aandacht moet besteden aan deze roeping, maar Germaine voelt zich nog niet klaar om dit pad te volgen. Ze heeft het nog te druk met het dagelijks runnen van hun familiecafé.

2015,
Assen (NL)

De sjamanistische roeping die Germaine niet meer kan negeren dient zich in september 2015.[10] Diep van binnen weet ze dat er tijdens deze episode, die heeft geleid tot haar GGZ opname, een nieuwe kracht in haar is ontwaakt. Het is alsof ze door de bliksem is getroffen en dit is echt overweldigend voor haar.

Germaine herinnert zich een gesprek met de psychiatrisch verpleegkundige die voor haar zorgde tijdens haar herstel. Ze zei tegen haar: "Je vader staat vlak achter je, omdat hij ziet dat je zo verdrietig bent." Toen de verpleegkundige dit hoorde, begon ze

---

[10]Je kunt het gedetailleerde verhaal van deze episode (her)lezen op pagina 37-38.

gelijk te huilen: ze was inderdaad verdrietig geweest sinds de dood van haar vader, omdat ze geen afscheid van hem had kunnen nemen. "Dit is wie ik ben. Ik wil dit allemaal niet, maar ik moet me eraan overgeven," bekent dan Germaine aan de verpleegkundige.

Germaine is destijds al gewend om boodschappen van geesten te zien en te horen. Ze assisteert namelijk al tien jaar een medium en de sjamanistische training bij Ahamkara opent ook nieuwe deuren voor haar. Toch vecht Germaine nog steeds tegen haarzelf, tegen haar eigen kracht. Ze heeft een gave, een gave waar ze niet om gevraagd heeft, een gave die ze nog weigert te omarmen. Dit is een last die te zwaar is om alleen te dragen. Ze heeft hulp en begeleiding nodig.

Nadat ze uit de GGZ is ontslagen, wendt ze zich tot Ahamkara voor begeleiding. Hij brengt eerst haar vader naar het licht. Nadat ze bevrijd is van de geest van haar vader, bevindt ze zich geconfronteerd met de taak om het familiekarma te helen dat haar vader tijdens zijn leven niet heeft kunnen reinigen.

Ahamkara leert Germaines gezin ook hoe gevaarlijk het is om iemand in een diepe trance aan te raken en waarschuwt hen haar niet meer aan te raken als ze haar weer in een diepe trance aantreffen.

Volle Maan, MEI 2016,
Assen (NL)

Nog geen jaar later bevindt Germaine zich opnieuw in een diepe trance. Terwijl ze in haar dromen zeer intense beelden van leeuwen in Afrika ziet, zorgt de kracht van de energieën opnieuw ervoor dat ze op de grond valt.

Door deze valpartij is haar familie bang dat ze een beroerte heeft, net als haar vader. Ze raken haar weer aan om te checken hoe het met haar gaat en de geschiedenis herhaalt zich: Germaine belandt weer op de GGZ.

De volgende ochtend zegt de verpleegster tegen Germaine: "Je hoort hier niet thuis." Ze weet dat ze er niet thuishoort, maar deze keer wil ze een tijdje in het ziekenhuis blijven, gewoon om even uit te rusten. Ze wil absoluut niet terug naar haar huis, dat zich direct boven hun café bevindt. Nadat ze het ziekenhuis heeft verlaten, is ze dan ook blij dat ze deze keer bij haar moeder kan blijven totdat ze herstelt.

Met deze tweede episode binnen een jaar tijd is het duidelijk dat wonen en werken bij een café met al die geesten die komen en gaan met hun boodschappen uit de geestenwereld, niet langer werkt voor Germaine. Dit put haar gevoelige ziel uit en maakt haar letterlijk ziek. Elke keer dat ze met nieuwe gezondheidsproblemen naar haar huisarts gaat, vertrekt ze met lege handen, omdat er ogenschijnlijk niets fysiek mis met haar is.

Toch wil haar man nog steeds niet verhuizen. Wanneer Ahamkara haar na haar tweede verblijf bij de GGZ bezoekt, voert hij een energetische reiniging van hun hele huis uit en adviseert hij haar om nu toch te verhuizen.

Germaine beseft dat ze echt niet langer een "normaal leven" kan leiden alsof ze haar spirituele gaven niet heeft. Ze kan haar sjamanistische roeping niet langer negeren.

Nu is ze volledig de weg kwijt en voelt ze de behoefte om helemaal opnieuw te beginnen. Ze wil genezen. Ze moet haar ziel volgen naar waar die haar leidt: naar het hart van Siberië.

Het sjamanistische pad is niet altijd recht. Soms zijn er bochten en kronkels onderweg, obstakels die je voortgang lijken te blokkeren. En soms neem je een zijpad, zodat je met hernieuwde kracht en vastberadenheid terug kunt keren naar de hoofdweg.

JANUARI 2009,
Istanbul (TR)

Ik zit in de praktijk van de astroloog die mijn geboortehoroscoop aan het lezen is. "Jij bent voor deze tijden geboren," zegt ze, "Je bent een healer die mensen zal helpen de overgang naar het Waterman-tijdperk te maken. Volg je hart en omarm je kracht."

Met deze woorden worden de eerste zaadjes van mijn zoektocht naar mezelf geplant. Ik heb altijd de roeping gevoeld om de wereld op de een of andere manier te veranderen, maar het lijkt erop dat ik eerst moet uitvinden *hoe* ik dat kan doen. Daarom ben ik überhaupt naar deze astroloog gegaan voor een geboortehoroscoop: ik wil een aanwijzing krijgen over mijn lotsbestemming, zodat ik eventueel een nieuwe richting kan inslaan.

Ooit, toen ik jong(er) was, dacht ik dat ik de wereld kon veranderen door middel van macht en politiek. Daarom heb ik jarenlang mijn tijd en kostbare jonge hersencellen geïnvesteerd in politicologie en bestuurskunde studeren. Maar ik begon door de jaren heen om mijn vertrouwen in de politiek en in top-down oplossingen te verliezen.

Ik denk dat dit ook een teken was van mijn groei, mijn verandering en mijn verzachting. Kort na deze astrologische consult ben ik ook bij een sociologie-afdeling gaan werken. Dit betekende dat ik

mijn wetenschappelijke focus veranderde van de elite
(top-down) naar de mensen (bottom-up).

Ik voel dat transformatie bij de mensen zélf
moet beginnen. Alleen dan kan de maatschappij
veranderen. Toch besef ik dat onderzoek doen naar
en schrijven over maatschappelijke problemen niet
voldoende is om de wereld te veranderen. Ik weet dat
ik als sociaal wetenschapper niet echt in staat ben de
wereld te helen. Maar wat moet ik dan doen? En echt,
ik, een healer? Hoe kan ik in vredesnaam mensen
helen?

AUGUSTUS 2012,
Den Haag (NL)

Ik kom steeds dichter bij het vinden van het doel van
mijn leven. Deze keer klop ik aan bij een Vedische
astroloog voor een consult over mijn
geboortehoroscoop. Hij laat doorschemeren dat ik
misschien iets met psychologie of coaching zou
moeten gaan doen.

Dit advies herinnert me eraan dat ik eigenlijk
ooit psychologie wilde studeren, maar dat ik als 18-
jarige het niet durfde. Destijds leek het allemaal zo
zwaar en ik had niet het gevoel dat ik 'al die
problemen van al die mensen die hulp zochten, kon
dragen'. Maar als ik deze aanwijzing nu hoor, voel ik
opeens een deel van mij dat staat te popelen om tot
leven te komen.

De volgende stap is uitzoeken hoe ik deze oude
droom een nieuw leven kan inblazen. Als 35-jarige
ben ik zeker niet van plan om terug naar de
universiteit te gaan om psychologie te studeren, maar
ik wil nog graag nieuwe kennis tot me nemen. En ik
voel ook nog steeds de drang om de wereld te

veranderen en ik zie hoop dat dit mogelijk is door mensen te helpen zichzelf te transformeren.

Maar om anderen te kunnen helpen, moet ik eerst mezelf helpen. Ik moet eerst mijn eigen wonden ontdekken en helen. En zo begint mijn zoektocht om mezelf te helen.

De roep om mensen te helpen. De roep om mensen te genezen. De diepste van alle roepingen. De roeping die iemand ertoe aanzet sjamanistische wijsheid te verwerven, het sjamanistische pad te bewandelen en de kennis verder te verspreiden. Dít is de sterkste roeping van de spirits om het sjamanistische pad te bewandelen. En dat pad begint met bewandelen van het sjamanistische leven, door eerst onszelf te transformeren.

SJAMANISTISCHE REINIGING

Holistische genezing vraagt ons om ons fysieke, emotionele en mentale welzijn te versterken. Dit is nodig om onze ziel te kunnen versterken en ons spirituele pad te bewandelen. Wanneer Erlik lijden of ziekte in ons leven brengt, is dat een teken dat we te veel stress in ons leven en lichaam hebben opgebouwd. We moeten deze 'last' kwijtraken door middel van reinigingspraktijken, zodat we deze 'oude energie' kunnen loslaten en een nieuwe start kunnen maken.

Een van de effectiefste methoden die het Siberische sjamanisme gebruikt voor reiniging en transformatie is **vasten**. Het afzien van voedsel is een

groot offer aan Erlik en stimuleert zuivering op
meerdere niveaus.

Fysiek reinigt vasten het lichaam door gifstoffen
af te voeren. Het afzien van voedsel activeert de
natuurlijke genezingsmechanismen van het lichaam.
Deze ontgifting bevordert de regeneratie van het
lichaam en vertraagt het verouderingsproces.

Vasten is bovendien een effectieve methode om
het ego te disciplineren. Het leert ons minder gehecht
te raken aan de materiële werkelijkheid. Tijdens het
vasten gaan we doorgaans minder aan eten denken.
Verder smaakt eten lekkerder dan voorheen wanneer
we het vasten verbreken, waardoor we er dankbaarder
voor worden.

Vasten helpt ons ook om te vertragen, en
daardoor openen de wegen voor het ontvangen van
nieuwe spirituele inzichten. De activiteiten waarop we
ons richten worden sterker tijdens het vasten en dus
ook de healings die wij dan geven worden krachtiger.

Het is essentieel om bewust te vasten, of je nu
zelf besluit te vasten of dat je het advies van je leraar
opvolgt. Het is belangrijk om jezelf en je gezondheid
niet te schaden met praktijken zoals vasten.[11] Je moet
eerst je bewustzijn verhogen om klaar te zijn voor dit
soort reinigingspraktijken.

---

[11] Raadpleeg je arts voordat je begint met vasten. Er zijn
gezondheidsproblemen en ziekten (zoals diabetes) waarbij vasten
niet is toegestaan.

Germaine wist na haar tweede opname bij de GGZ dat de tijd rijp was om haar sjamanistische pad te bewandelen. Ondanks de zorgen van haar familie over reizen naar de andere kant van de wereld, besloot ze toch naar Siberië te gaan. Daar verbleef ze een maand om zich te reinigen en te helen.

Ze moest grote offers brengen aan Erlik. Haar fysieke reiniging begon met vijftien dagen vasten. Ze dronk alleen thee, ging naar de sauna en zwom in het koude water. Ze liet alle opgebouwde oude energieën uit haar lichaam los, zodat ze aan haar nieuwe levenspad kon beginnen.

Ik ben vanaf kinds af aan gewend aan droog vasten tijdens de Ramadan, maar het is al meer dan twintig jaar geleden dat ik niet heb gevast. Een paar jaar geleden heb ik de trend van periodiek vasten geprobeerd, maar omdat ik een ochtendmens ben en ontbijt mijn favoriete maaltijd is, voelt het alsof de dag veel te laat begint.

De door Ahamkara voorgestelde methode van watervasten, waarbij je een hele dag (ongeveer 36 uur) niet eet en alleen water drinkt, spreekt me veel meer aan. Na de les over vasten heb ik me voorgenomen om te vasten, omdat ik in het verleden het spirituele aspect van vasten juist heel fijn vond.

De eerste keer watervasten hakt behoorlijk in. Mijn lichaam moet waarschijnlijk veel loslaten. Ik waardeer ook het feit dat ik door het watervasten meer water drink dan normaal.

De dag na het watervasten voelt lichter aan dan ervoor. Hoewel ik wakker word met hoofdpijn, heb ik minder honger dan op een normale dag na een gewoon ontbijt. Opmerkelijk genoeg zorgt vasten er ook voor dat ik de dagen erna geen ongezonde snacks (suiker en alcohol) consumeer: ik wil een tijdje 'schoon' blijven.

Na deze eerste keer watervasten besluit ik om er een gewoonte van te maken. Ik moet alleen nog uitzoeken hoe vaak dat voor mij haalbaar is.

Zes weken later vast ik voor de tweede keer. Deze keer voel ik de honger pas tegen het einde van de dag. Ik realiseer me ook dat het effect deze keer meer emotioneel dan fysiek is. Ik voel een nieuwe staat van helderheid opkomen. Na een dag watervasten ben ik in staat om tot de kern van mijn emoties door te dringen en aan diepere heling te werken.

Karmareiniging

Hoewel het primaire doel van vasten is om jezelf te reinigen door je lichaam en energie te zuiveren, helpt vasten ook bij het **reinigen van karma**: je reinigt karma door je misstappen te compenseren door middel van bewust lijden. Dit zou echter niet de intentie en het doel van vasten moeten zijn, maar eerder het resultaat en de bijwerking ervan.[12]

Het concept van 'karma' in het sjamanisme draait om het balanceren van negatieve energie: als je

---

[12]Hetzelfde geldt voor afvallen: dit zou slechts een bijwerking moeten zijn en geen doel op zich van vasten.

negatieve energie de wereld in stuurt, ontvang je negatieve energie terug. Door te vasten activeer je zelf de negatieve energie en compenseer je voor het verleden of de toekomst. Op energetisch niveau geeft vasten ons lijden en ongemak. Door te lijden breng je een offer aan Erlik, zodat je geen ander lijden in je leven hoeft te doorstaan.

Karma is een pad dat wordt bepaald door je familie, genen, persoonlijke geschiedenis en psychologische trauma's. Karma kan worden beschreven als een vooraf bepaalde reeks gebeurtenissen. Deze gebeurtenissen lijken onvermijdelijk, omdat ze ons keer op keer achtervolgen.

Het lot, daarentegen, is ons levensdoel-of bestemming. Het is mogelijk om ons lotsbestemming te vinden en te vervullen. De oude wijzen geloofden dat karma als draden worden gesponnen door de godinnen van het lot en dat de positie van deze draden in het web van gebeurtenissen onveranderlijk is. Tegelijkertijd waren ze zich bewust van de kracht van het lot om het verloop van de gebeurtenissen te veranderen.

Het lot kan gevormd worden zonder goddelijke tussenkomst, maar het vereist wel dat je eerst je wonden uit het verleden onder ogen ziet en heelt en je je vervolgens richt op de roeping die je vanaf je geboorte hebt ontvangen. Wanneer je je lot leeft, kun je de loop van je leven vormgeven.

Het lot geeft ons de mogelijkheid om ons te bevrijden van karma en dit te overwinnen door negatieve genetische en emotionele programmering te los te laten. Het vermogen om het lot te beheersen stelt je in staat om bewust je leven, persoonlijke groei en ontwikkeling te sturen, in plaats van passief mee te drijven met de stroom van het leven. Leren ons lot vorm te geven bevrijdt ons van de erfenis van borstkanker of hartziekten en lost de emotionele problemen op die ons er steeds weer toe brengen de verkeerde partners en relaties te kiezen.

Karmareiniging kan ons helpen om voor een toekomst te kiezen waarin het leven voller en gezonder zal zijn, zonder te lijden onder erfelijke ziekten en oude zielenwonden uit onze kindertijd. Sjamanistisch trancereizen helpt ons de last van het verleden, die zich in huidige en vorige levens heeft opgebouwd, te overwinnen, zodat we het leven kunnen leiden waarvoor we geboren zijn en onze lotsbestemming kunnen vervullen.

Het reinigen van het familiekarma

Biologen geloven dat evolutie een generatie verbonden proces is, wat betekent dat onze nakomelingen gezonder en slimmer zullen zijn dan wij. Wetenschappers geloven echter niet dat evolutionaire veranderingen binnen één generatie kunnen plaatsvinden. Volgens de genetica kunnen onze genen niet veranderen en zijn we gedoemd om bepaalde eigenschappen en kenmerken van vorige generaties te erven: als iemands familie een genetische aanleg heeft voor een bepaalde ziekte, zal hij of zij deze ziekte niet kunnen ontlopen. Dit betekent dat de aanleg voor bijvoorbeeld borstkanker, die een zoon van zijn moeder heeft gekregen, zich vroeg of laat zal manifesteren en dat de aanleg voor hartziekten die hij van zijn vader heeft geërfd, vroeg of laat tot een hartaanval zal leiden.

Sjamanen hebben een ander begrip van evolutie dan biologen. Sjamanen weten dat evolutie wél degelijk plaats kan vinden binnen de grenzen van één generatie. Ze geloven dat het mogelijk is om DNA-ketens te herprogrammeren en onze genetische codes te veranderen.

Als we erin slagen ons lot te veranderen, veranderen we onze genetische code tijdens één leven en zullen onze kinderen de nieuwe eigenschappen erven die we hebben weten te helen. Door het karma van onze familie te zuiveren, kunnen we zowel op fysiek als op spiritueel niveau energetische genezing verzekeren voor onszelf en de generaties na ons.

ZOMER 2013,
Altaj (RUS)

Mura heeft haar hele leven aan een soort astma geleden. Haar hele familie had een voorgeschiedenis van longproblemen. Haar grootvader stierf aan longkanker en haar moeder, zijzelf, haar dochter en haar zus leden allemaal aan longaandoeningen.

Wanneer ze van haar moeder een reis naar Altaj cadeau krijgt uit de financiële erfenis van haar grootvader, neemt ze zich voor om tijdens deze reis het familiekarma van longaandoeningen te zuiveren. De Altajreis begint en bereikt de Belukha-berg. Als Mura wakker wordt in de vroege ochtenduren na hun eerste nacht bij de eerste gletsjer van Belukha, maakt ze een wandeling in haar eentje en voert ze een ceremonie uit. Tijdens dit ritueel bidt ze voor de genezing van haar familiekarma en vraagt ze om de zegen van haar voorouders.

Op de terugweg door de bergen bezoeken ze een *banya* (een Russische sauna). Na enige tijd met de groep in de sauna benadert Mura Ahamkara en vraagt: "Kunt u mij een ultieme healing geven om mijn longen te reinigen?"

Ahamkara stemt in en ze gaan terug naar de sauna voor een healing. Hij voert een krachtig genezingsritueel voor haar uit met behulp van berkentakken. Mura opent haar hart en longen volledig om deze genezing te ontvangen.

Het is een zeer intense healing midden in een hete sauna en Ahamkara geeft echt alles wat hij heeft. Mura heeft hem nog nooit zo zien werken. Hij gaat door totdat Mura hem vraagt om te stoppen. Uiteindelijk gaat hij door totdat hij zelf bijna uitgeput is en roept op een gegeven moment: "Klaar!" Ze strompelen allebei de *banya* uit en werpen zich op het koude gras. Het voelt alsof ze allebei net zijn "gestorven".

Aan het einde van de healing is Mura volledig kapot, omdat ze vanuit het diepst van haar longen heeft gehoest en gekokhalsd. Het voelt alsof ze energetisch alles uit haar systeem heeft gegooid.

Deze uitputtende karmische reiniging werpt zijn vruchten af: vanaf dat moment heeft Mura nooit meer last van longproblemen, afgezien van af en toe een verkoudheid. Ook de problemen van haar dochter houden op. Zoals Mura had gewenst heeft de healing dit karmische gezondheidsprobleem energetisch uit haar hele vrouwelijke familielijn gereinigd.

Ik begin kort na mijn miskraam op Moederdag aan mijn diepere innerlijke genezingswerk. Het is nú tijd om te beginnen met het emotionele en spirituele zoektocht om het intergenerationele trauma van mijn vrouwelijke lijn door te pluizen.

Mijn miskraam voelt als een wedergeboorte en geeft me de innerlijke kracht om het pad van genezing van ons familiekarma te bewandelen. Ik neem de taak op me om mezelf en mijn familie te genezen. Ik besluit dat het verhaal van onvruchtbaarheid en verlies bij mij zal ophouden: een geschiedenis van miskramen, van baby's en kinderen die te vroeg zijn gestorven en van moeders die dit verdriet levenslang in hun hart dragen.

Ik laat het feit tot me doordringen dat mijn overgrootmoeder elf keer is bevallen en zeven van haar baby's heeft verloren. Ik realiseer me dat ik de kleindochter ben van haar laatste dochter, geboren uit haar laatste zwangerschap. Ik heb zoveel respect voor deze sterke vrouw die haar lichaam en hart kon openstellen voor nóg een zwangerschap na zoveel verliezen te hebben meegemaakt. Als zij er niet was geweest, zouden mijn grootmoeder, mijn moeder en ik nooit geboren zijn.

En als ik 28 jaar later niet precies op de overlijdensdag van mijn zusje een miskraam had gehad, had ik nooit gedacht dat generaties van verlies zich nog zouden manifesteren in miskramen en onvruchtbaarheid. Na jaren van proberen en zoeken krijg ik eindelijk het duidelijkste teken van het universum dat mij tot de sleutel van mijn heling brengt.

Mijn zoektocht leidt me naar systemisch werk en familieopstellingen, één van de waardevolle methoden die helpen om verborgen familieverhalen te ontdekken en zo de verloren kinderen te eren waarvan de verhalen alleen achter gesloten deuren worden verteld.

Ik vind een familieopstellingenavond in de buurt en nodig mijn vriendin Diana van mijn schrijfcursus uit om mee te gaan. Ik heb onlangs een gedicht geschreven over het verlies van mijn zus, en Diana is geraakt door dit verhaal. Wanneer de begeleider van de opstelling vraagt of iemand mijn zus wil vertegenwoordigen, steekt Diana haar hand op.

Eindelijk kan ik mijn zus vertellen hoezeer ik haar heb gemist. Eindelijk kan mijn zus gezien worden. Ik realiseer me dan ook dat mijn zus niet eens een eigen graf of grafsteen heeft. Vroeger werden baby's die zo snel na de geboorte stierven niet eens officieel geregistreerd. Het is alsof ze nooit hebben bestaan, nooit hebben geleefd. Ik realiseer me dat het een behoorlijk grote stap is om openlijk over haar te praten en haar als mijn zus te erkennen. Ik ben tenslotte geen enig kind.

De opstelling laat ook zien dat ik de 'last' van dit verlies op me heb genomen. Na zoveel jaren zelf dragen vind het moeilijk om deze last los te laten , maar ik slaag erin om deze last symbolisch aan mijn ouders over te dragen.

Zolang ik mezelf ken, heb ik levendige dromen gehad. De laatste tijd heb ik steeds dezelfde droom waarin ik zwanger ben en zelfs beval, maar deze baby is niet van mij: het is van mijn moeder!

Na de mislukking van onze eerste ivf[13] behandeling, zijn we inmiddels met onze tweede ivf-bezig. Terwijl we het vertrouwen beginnen te verliezen, is deze droom een nieuwe uitnodiging van mijn onderbewuste om verder te werken aan het reinigen van mijn familiekarma.

Ik vind een regressietherapeut, Wendy, die ook gespecialiseerd is in droomanalyse. Pas nadat ik met haar over deze droom heb gesproken, houdt deze terugkerende droom op, alsof hij wachtte om gezien en gedeeld te worden.

Met Wendy gaan we verder de diepte in: we gaan terug naar mijn eigen geboorte en we praten over het verlies van alle vrouwen in mijn familie. Ik voel in mijn botten dat het werken aan deze trauma's me dichterbij genezing brengt, dichterbij onze baby waar we al zo lang naar verlangen.

Germaines oom was missionaris in Peru. Hij kwam eens in de vijf jaar op bezoek en bracht cadeautjes mee van de inheemse volkeren die hij onderwees. Hij had veel oude bijbels en haar moeder schenkt deze bijbels aan Germaine wanneer hij overlijdt. Wanneer zij deze bijbels ontvangt, voelt ze dat ze zelf naar Peru moet gaan.

---

[13] In-vitrofertilisatie

Germaine maakt een magische reis door Peru met haar dochter. Ze bezoekt alle plaatsen waar haar oom heeft gewerkt. Dit geeft haar de kans om de karma van vorige levens te reinigen en deze energie te ontvangen. Ze krijgt ook een inwijding uit een vorig leven in Peru tijdens een nachtdroom.

Als ze terugkomt uit Peru, weet ze dat ze nu wil scheiden van haar man. De relatie met haar man is nog steeds goed, maar het is meer een vriendschap geworden. Ze beseft dat ze dit hoofdstuk van haar leven eindelijk moet loslaten.

Binnen een paar weken koopt ze een nieuw appartement in Assen. Alles lijkt op een afsluiting af te stevenen. Er verandert veel en de spirits helpen haar bij dit proces. Ze krijgt ook steun van Ahamkara. Het is een grote stap voor haar om te scheiden, ook al heeft ze deze optie in het verleden ook al overwogen.

In deze periode heeft ze ook een visioen van een touw om haar nek in Grolloo. Ze beseft dat dit in een vorig leven van haar in Grolloo is gebeurd en dat dit waarschijnlijk de reden was waarom ze zich daar nooit prettig heeft gevoeld.

Als de scheiding definitief is, heeft ze een visioen van een zwarte Apache-traan en een gevangenis. De traan verandert in goud en de gevangenisdeur gaat open. Voor haar is dit een teken dat ze na haar scheiding eindelijk vrij is. Het is een karmische cyclus die ten einde komt.

Kort daarna hoort ze het geluid en ziet ze het beeld van het deksel van de put van karma achter haar dichtgaan. Haar verleden ligt nu achter haar en ze hoeft de last ervan niet meer op haar schouders te dragen. Dit is een bevestiging van de spirits dat ze haar karmische wonden heeft genezen en een nieuwe start kan maken.

SJAMANISTISCHE WEDERGEBOORTE

Op onze levensreis maken we vroeg of laat ervaringen mee die littekens op onze ziel achterlaten. Er zijn sjamanistische manieren om deze traumatische gebeurtenissen te helen. Een sjamanistische methode die algemeen bekend is geworden, is het opnieuw beleven van gebeurtenissen uit het verleden, waardoor herinneringen hun emotionele lading verliezen en we onszelf en anderen kunnen vergeven.

Een andere belangrijke methode van sjamanistische healing is het terugroepen van de persoonlijke kracht die ons toebehoort. Ieder mens krijgt bij zijn geboorte de kracht om een bevredigend leven te leiden. Negatieve levenservaringen kunnen ertoe leiden dat we onze persoonlijke kracht verliezen als onze energie nog steeds op dit trauma uit het verleden gericht is.

Traumatische levensgebeurtenissen brengen lijden en ongemak met zich mee. Tijdens deze dramatische tijden van lijden die aanvoelen als de dood, kunnen we delen van onze ziel verliezen. Het is alsof een stukje van onze ziel zo gewond is dat het achterblijft, vastzit in de tijd, in de onderwereld van Erlik, terwijl ons leven verdergaat. Wanneer we ons bewust worden van dit verloren deel van onze ziel, gaan we op zoek naar heelheid, naar de ongedeerde persoon die we waren voordat deze pijnlijke levensgebeurtenis plaatsvond.

Oude sjamanistische praktijken van trancereizen genezen deze wonden van de ziel door dergelijke lasten uit het verleden weg te nemen. Met het ritueel van **Soul Retrieval** zoeken we naar dit verloren deel van de ziel om het terug te brengen naar onze ziel, zodat we onze persoonlijke kracht kunnen hervinden. Een ritueel voor het terugbrengen van de ziel kan worden uitgevoerd zoals hierna beschreven:

Sjamanistisch ritueel: SOUL RETRIEVAL

Maak eerst contact met de ziel. Je kunt een drum of een geluidsopname van een sjamanistisch drum gebruiken om contact te maken met de ziel en om te beginnen met reizen in de droomwereld. Als je deze verbinding tot stand hebt gebracht, kun je beginnen met reizen naar de wereld van Erlik.

Stel je een grot voor, met een ingang en een tunnel. Loop door deze tunnel, helemaal naar beneden naar de Onderwereld. Stel je voor dat je een drum hebt, die je gaat gebruiken om het verloren deel van de ziel in mee te nemen.

Ga dieper de tunnel in en probeer het verloren deel van de ziel te vinden. Kijk of je herkent of het een deel is van de ziel waarmee je in het begin verbinding hebt gemaakt. Meestal verschijnt het deel van de ziel dat opgesloten zit in de wereld van Erlik op verschillende manieren: soms zit het vast in een spinnenweb, soms zit het gevangen in metalen kettingen of in een metalen kooi.

Probeer te zien hoe het opgesloten zit en probeer het los te krijgen. Je kunt de sloten die dit deel van de ziel vasthouden vernietigen. Als je voelt dat je kracht niet voldoende is om het slot te ontgrendelen, kun je je spirithelpers om hulp vragen om het te openen. Soms is er veel energie en emotie nodig om de sloten te openen en dit deel van de ziel te bevrijden.

Als het deel van de ziel vrij is, moet je een manier vinden om het terug te brengen naar de persoon wiens ziel genezing nodig heeft. Meestal leg je het verloren deel van de ziel op het kruis van je drum en leg je je handen er bovenop. Vervolgens reis je op dezelfde manier terug door de tunnel naar de opening van de grot.

Hierna stel je je voor dat je het teruggevonden deel van de ziel terugbrengt naar de persoon. Je draait je drum ondersteboven en stelt je voor dat dit deel van de ziel naar beneden gaat om zich bij het lichaam van de persoon te voegen. Geef dit deel van de ziel de tijd om te integreren, aangezien het enige tijd van de ziel gescheiden is geweest.

Gebruik in het tweede deel van het ritueel je drum om de krachtige levensenergie van Umai te gebruiken om dit deel met de ziel te integreren. In het begin kan er een gevoel van ongemak zijn als de delen nog niet volledig geïntegreerd zijn. Wanneer ze geïntegreerd en weer heel zijn, voelt de persoon zich goed en is hij of zij herboren.

Zodra onze ziel weer heel is, hebben we de kracht om ons lotsbestemming te vervullen in plaats van een marionet van het noodlot te worden. Als we de moed hebben om onze trauma's uit het verleden onder ogen te zien en te leren van de lessen van Erlik, is het mogelijk om volledig te transformeren en weer opnieuw te beginnen om ons volledige potentieel te benutten.

Ahamkara en Germaine hebben een bijzondere band die in de loop der jaren uitgroeit tot een hechte vriendschap. Germaines levensverhaal is een ware inspiratiebron voor hem.

Toen Germaine bij hem kwam, bevond ze zich in een zeer moeilijke situatie. Ze was behandeld voor psychose in het psychiatrisch ziekenhuis. Haar relatie met haar man en kinderen was verstoord. Ze had het gevoel dat mensen haar niet begrepen; ze voelde zich eenzaam en kon de steun die ze nodig had niet vinden – noch in zichzelf, noch bij haar dierbaren. Toch had ze de moed niet opgegeven. Diep van binnen wist ze dat ze recht had op een gelukkig en bevredigend leven en ze geloofde dat ze haar leven kon veranderen.

Het is een lange weg geweest voor Germaine. Het duurde ongeveer twee jaar voordat ze een merkbare verandering in haar leven voelde. Twee jaar lijkt misschien lang, maar de problemen waar ze mee worstelde waren behoorlijk ernstig. Niet iedereen kan deze problemen overwinnen. Veel aspecten van haar leven lagen overhoop. Het leek alsof haar hele leven voor haar ogen uit elkaar viel.

Toen Germaines zoektocht haar naar Siberië leidde, reisde ze drie keer naar Ahamkara's retraitecentrum Zhivo, elke keer voor een maand. Ze werkten elke dag één uur samen. In totaal waren dat ongeveer honderd sessies. Ze deed enorm veel innerlijk werk om haar ware zelf en roeping te vinden en haar zelfvertrouwen te versterken.

Tijdens deze lange zoektocht naar zichzelf ontdekt Germaine dingen over zichzelf die ze niet leuk vindt. Sommige dingen maken haar wanhopig. Maar elke keer als ze een obstakel tegenkomt, vindt ze de kracht om haar schaduwkanten te erkennen als een deel van zichzelf en haar verhaal, en slaagt ze erin ze een plaats te geven in haar ziel om verder te komen.

Terwijl Germaine haar innerlijke wereld verkende met behulp van sjamanistische praktijken, besefte ze dat het haar roeping is om een healer te zijn en mensen te helpen. Zodra ze haar sjamanistische pad ontdekt en begint te bewandelen, beginnen haar problemen geleidelijk te verdwijnen en haar leven te veranderen. Ze herrijst uit haar as, om een krachtige sjamanistische healer te worden.

Zoals het spreekwoord zegt: na de regen komt de zonneschijn. Als we kunnen leren van de transformerende lessen van Erlik, kunnen we genieten van de vruchten van ons menselijk leven. Umai wacht dan op ons met wijd open armen, om ons te voeden, te genezen, te troosten en ons kracht te geven.

4

DE RIVIER van GENEZING: UMAI

Umai is de oudste godin die door de Turkse volkeren van de Altaj wordt vereerd. Alle levende wezens zijn onderworpen aan Umai. Voor de Turkse volkeren vertegenwoordigt zij Moeder Aarde, een mooie vrouw die de beschermvrouw van de natuur is.

Bomen worden beschouwd als de ultieme uitdrukking van de kracht van Moeder Aarde. Net als bomen ontvangen ook mensen kracht van beneden, van Moeder Aarde via de voeten en kracht van boven, van Vader Hemel via de kruin.

Umai is een vriendelijke geest, de meesteres van de bergen, de beschermvrouw van baby's, die het vrouwelijke, de aardse natuur en vruchtbaarheid personifieert. Net als veel godinnen is Umai de beschermvrouw van vrouwen die bevallen en beschermer van vooral kinderen, in het bijzonder van baby's en kleine kinderen. Traditioneel wordt ze afgebeeld als een vrouw met goudkleurig haar, die haar beschermelingen beschermt met pijl en boog.

Er wordt geloofd dat wanneer een slapende baby glimlacht, hij of zij met Umai praat en zich de heilige taal van de goden en bewoners van de geestenwereld herinnert. Umai zorgt voor kinderen totdat ze opgroeien en de taal van de goden vergeten en de taal van hun volk beginnen te spreken.

In de oudheid werd ter ere van Umai een pop van blauwe stof in de voorste hoek van de yurt gehangen als talisman voor pasgeborenen. Het leven en de gezondheid van een kind hangt af van Umai, omdat zij hen beschermt tegen kwade krachten en geesten. Wanneer kinderen opgroeien, organiseren ouders een speciale ceremonie voor Umai uit dankbaarheid voor haar zorg.

UMAI: de Spirit van de Middenwereld

Umai, de spirit van de Middenwereld, is de spirit van onze prachtige Moeder Aarde, van het heden en al haar geschenken. Umai belichaamt de energie van bescherming en de vreugde van alle prachtige scheppingen in de wereld. Wanneer de energie van Umai dominant is, zijn we gezond, geaard en voelen we ons vredig en in harmonie.

Umai verbindt ons met de materiële wereld waarin we leven, met Moeder Aarde, met onze levenskracht en energie, met het hier en nu. Stel jezelf één vraag: *Voel ik me goed op dit moment?* Als het antwoord ja is, betekent dit dat je verbonden bent met Umai. Als je je niet goed voelt, betekent dit dat je meer verbonden bent met Erlik.

Op de sjamanistische kaart[14] staan er enkele symbolen rondom Umai. De yurt bij Umai is bedekt met berenhuiden. In de Altaj-traditie wordt de beer beschouwd als de koning van het bos. Umai zorgt voor het bos, dus het bos is haar koninkrijk. De beer is een grote helper van Umai omdat de beer het sterkste dier in het bos is. De beer is ook een vreedzaam dier. Beren zijn vaak vriendelijk tegen mensen.

De yurt van Umai heeft een koepel en is één van de beste plekken om in te wonen, omdat de vorm lijkt op de baarmoeder. Zij is rond en heeft geen hoeken, waardoor de energie binnenin vrij kan circuleren. De mensen die in yurts wonen voelen vrede en harmonie.

Op de sjamanistische kaart houdt Umai een beker in haar rechterhand en een plant in haar linkerhand. De beker in Umai's rechterhand bevat aarde. Dit staat voor rijkdom: als je zaden in de aarde stopt, groeit er een plant of een bloem. De plant die Umai in haar linkerhand houdt, staat voor alle wezens van de natuur die tot haar koninkrijk behoren. Het is Umai's taak om al deze wezens te beschermen en te verzorgen. Ze helpt ze te groeien en te bloeien.

---

[14]Te bekijken op https://ahamkara.org/map

VERBINDEN met de NATUUR

Umai nodigt ons uit om de natuur, het bos en de schoonheid van alle levende wezens om ons heen te ontdekken en te koesteren. Het leven dat ons gegeven is en het pad dat we in dit bos volgen is net zo uniek als ieder individu. Soms is het glad, soms hobbelig. Terwijl we over dit bospad lopen, moeten we soms even pauzeren en van het moment genieten voordat we onze weg weer kunnen vervolgen. Het is vooral belangrijk dat we aandacht blijven schenken aan de schoonheid en de tekenen die we onderweg tegenkomen. Als we blijven luisteren naar onze eigen intuïtie en wegwijzer, zal het pad ons in de juiste richting leiden.

De geesten van de natuur zijn de geesten van de planten, bomen en bloemen. Het is essentieel om contact te maken met natuurgeesten, omdat veel van hen de trillingen van Umai met zich meedragen. Wanneer we tijd doorbrengen in de natuur, omringd zijn door natuurgeesten, vinden we rust, harmonie en ontspanning. In de natuur zijn is een belangrijke helende praktijk die ons herinnert aan innerlijke en uiterlijke balans.

HERFST 2016,
Grolloo (NL)

Germaine keert terug naar Nederland na haar verblijf in Siberië en besluit niet langer boven hun café te wonen. Ze gaat in een caravan wonen, waardoor ze een gezond dagritme voor zichzelf kan opbouwen. Ze staat 's ochtends vroeg op en begint de dag met een glaasje lauw water. Ze luistert naar muziek en gaat liggen om in de droomwereld te reizen.

In deze periode heeft ze intense dromen. Als ze 's nachts stemmen hoort, staat ze op en schrijft ze alles op wat ze hoort en ziet. Ze heeft wekelijks contact met Ahamkara en bespreekt alle aantekeningen die ze gedurende de week heeft gemaakt. Ze beseft dat als ze ontspannen is, dat ze beter met haar situatie kan omgaan en dat de spirits haar ook helpen.

In deze periode maakt ze lange wandelingen in het bos met haar honden, tot wel vier uur per dag. Tijdens deze lange wandelingen maakt ze contact met de bomen, met de aarde en met Umai. Ze neemt de tijd om zichzelf te aarden. Ze beseft dat ze eerst terug moet keren naar zichzelf en naar haar eigen kracht om haar spirituele gaven te kunnen gebruiken, in plaats van erdoor overgenomen te worden.

MAART 2020,
Rotterdam (NL)

Ik ga naar buiten! De wereld is in lockdown en mensen zitten vast in hun huizen, gekluisterd aan hun schermen. Buiten is het heerlijk zonnig lenteweer. Alles bloeit en straalt. Wat een contrast!

De Nederlandse overheid heeft besloten om de parkeerplaatsen bij de bossen en stranden te sluiten, maar we voelen ons geroepen om in de natuur te wandelen, dus nemen we de fiets of zoeken we alternatieve parkeerplaatsen in de buurt. Wat een genot om in stilte van de natuur te genieten! Alleen wij en een paar hondenbezitters durven in het bos te gaan wandelen.

Het is tijdens deze periode dat ik een sterke drang begin te voelen om met mijn twee voeten op de grond te staan. Ik heb het gevoel dat ik dit elke dag wil doen, maar we wonen helaas op de bovenste twee verdiepingen van een appartement in een grote stad. Ik wil een tuin; ik wil bomen en vogels om me heen. We moeten zo snel mogelijk weg uit de stad!

HERFST-WINTER 2021,
Rotterdam (NL)

Onze wens om uit de stad te verhuizen kost wat tijd en moeite. We zijn op zoek naar een huis in het noorden van Nederland, waar mijn man vandaan komt en waar we hopen ons droomhuis met tuin te vinden. De huizenmarkt is echter gek geworden, omdat veel mensen de drang hebben gevoeld om uit hun huis te verhuizen nadat ze gedwongen waren om de hele dag thuis te blijven en te werken.

Aangezien er voorlopig nog geen verhuizing in het vizier ligt, besluit ik om mijn sjamanistische pad niet langer uit te stellen en te beginnen met mijn sjamanistische opleiding. En met de sjamanistische opleiding wordt mijn wens om omringd te zijn door de natuur nóg sterker: ik wil in mijn eigen energie zitten en ik wil een vuurtje kunnen aansteken, op mijn drum kunnen spelen en mijn sjamanistische rituelen vrij kunnen uitvoeren.

De daaropvolgende lockdowns maken deze gevoelens en wensen alleen maar sterker: ik voel me steeds meer gevangen in de depressieve energie van de stad. Ik wil elke dag naar de armen van Umai rennen om te verbinden met de natuur.

Sjamanistische praktijken om te verbinden met de natuur

Voel je je moe en zoek je naar manieren om jezelf weer op te laden? Probeer dan eens op te laden in de natuur:

met de zon: Zoek een zonnig plekje. Ga zitten en leg je handen op je schoot met je handpalmen naar boven gericht. Visualiseer een straal energie die vanuit de zon elke vinger binnenkomt. Adem in en absorbeer deze stralen via je handen in je zonnevlecht. Adem uit en stel je voor dat de energie van deze stralen zich over je hele lichaam verspreidt.

met water: Ga in het water liggen. Houd je hoofd boven water. Adem in en stel je voor dat de energie van het water via de poriën van je huid je lichaam binnenkomt. Adem uit en stel je voor dat deze energie zich over je hele lichaam verspreidt.

met vuur: Steek een kaars aan. Observeer de vlam. Concentreer je erop. Het is belangrijk om te voelen hoe dit helende vuur alle ziekten verbrandt en dat je gevuld bent met vurige energie.

met de aarde: Ga op de grond zitten. Stel je voor dat jij en de aarde één zijn. Je bent kalm en ontspannen. Niets kan je uit deze staat halen. Je maakt deel uit van de aarde en haar energie. Als je deze staat voelt, blijf dan 15-20 minuten zo zitten.

Wanneer je contact begint te maken met de natuur, kun je deze relatie cultiveren door een diepere band met natuurgeesten te creëren. Het is belangrijk om bewust een geest te kiezen waarmee je contact wilt maken. Het is het gemakkelijkst om een boom of plant in de buurt te kiezen, zodat je op elk gewenst moment terug kunt komen om er contact mee te maken. Raak deze boom aan en praat ermee. Bezoek de boom regelmatig en word vrienden met hem.

HERFST 2024-WINTER 2025,
Langezwaag (NL)

Ik ben elke dag dankbaar dat ik omringd ben door Umai-energie sinds we in 2023 naar Friesland zijn verhuisd. Ik probeer vast te houden aan mijn dagelijkse gewoonte om de dag te beginnen met een wandeling in het bos dichtbij de school van mijn kinderen.

Ik maak een ritueel van deze wandelingen. Als ik het bos binnenkom, begroet ik de berkenbomen die bij de poort van dit bos staan. Ik loop verder het bospad in en stop om enkele berkenbomen aan te raken die me roepen.

Hoe vaker ik het bos bezoek, hoe meer mijn liefde voor bomen groeit. Ik leer me onder te dompelen in de energie van de bomen. Als ik bomen aanraak of me ertegenaan leun, begin ik de veranderingen in mijn lichaam en ervaring op te merken. Ik voel mijn hartslag sterker worden als ik de stam van mijn favoriete berkenboom aanraak. Ik voel letterlijk de energieoverdracht naar mijn lichaam.

Wanneer Ahamkara tijdens onze sjamanistische jaaropleiding het idee introduceert om vrienden te worden met een boom, kies ik een eik met een gesplitste stam. Hierdoor kan ik in de boom zitten en hem met twee armen omhelzen.

Onze vriendschap begint wanneer ik mijn hoofd op zijn stam leg en me met hem verbind. Ik leun met mijn hele ruggengraat tegen de boom en sluit mijn ogen. Bijna onmiddellijk voel ik een werveling en neemt de eik me mee op een reis. Soms voelt het alsof dit een reis is naar de diepten van het universum en soms als een reis naar de diepten van de jaarringen van de eik. Elke keer voelt het als een reis naar oneindigheid in de armen van deze wijze oude eik.

Soms krijg ik ook hoofdpijn na mijn wandeling in het bos. Ik vraag me af of dit een teken is van een download van de boom. Ik heb geen idee. Het is moeilijk onder woorden te brengen. Ik voel het gewoon en ik vertrouw op de wijsheid van de bomen. Ik respecteer hun grootsheid.

En ik blijf terugkeren naar het bos, naar mijn boom, keer op keer. Net als bij een vriend mis ik de aanwezigheid van mijn eik als ik mijn bezoekjes oversla. En als ik wel op bezoek kom, voel ik me elke dag welkom. Ik sluit mijn ogen en we beginnen weer aan een nieuwe reis.

Met de natuur en haar geschenken verbindt Umai ons met de **Rivier van het Leven**. Ze geeft ons voedsel om van te genieten en ons lichaam te voeden. Alles wat in de wereld van Umai leeft (stenen, water, vuur, dieren en mensen), bestaat uit vier elementen: *Vuur, Lucht, Aarde* en *Water*.

Het element VUUR staat voor actieve, krachtige en groeiende energie, transformatie en emotioneel leven. Het element WATER staat voor flexibiliteit en kalmte. Water vindt altijd zijn weg. De AARDE staat voor stabiliteit en geaarde energie die naar beneden gaat. De LUCHT staat voor lichtheid, creativiteit, vrijheid en energie die naar boven gaat.

Het is cruciaal om de balans tussen de vier elementen te bewaren. Ons lichaam is een wonder van het leven dat bestaat uit een combinatie van de vier elementen. Als we erin slagen om de balans in ons lichaam te behouden, functioneert het dag en nacht voor ons en herstelt het zichzelf eindeloos. Als deze vier elementen niet in balans zijn in ons lichaam, voelen we ons niet goed en krijgen we te maken met lichamelijke problemen en mentale stress. Ons lichaam geeft ons tekenen en signalen wanneer we de balans tussen deze vier elementen verliezen. De tekenen zijn eerst subtiel. Ze worden luider als we er niet naar luisteren.

SJAMANISTISCHE ZELFZORG

Umai vertegenwoordigt het immuunsysteem van ons lichaam. Een gezonde Umai-energie betekent een gezond lichaam dat in harmonie functioneert. Een persoon met een gezond lichaam zit vol leven en heeft de energie en de wil om zijn dagelijkse taken uit te voeren.

Ziekte en pijn zijn signalen van disharmonie in het lichaam die onze aandacht vereisen. Onze eerste wake-up call manifesteert zich vaak rond de 'midlife' in de vorm van gezondheidsproblemen. En hoe we op deze call reageren, kan bepalend zijn voor hoe we de tweede helft van ons leven leiden.

De huidige uitdaging in de westerse wereld is dat de geneeskunde gericht is op het onderdrukken van de signalen die ons lichaam geeft. We nemen pillen om ons ongemak en onze pijn te verminderen. Die lijken te helpen, totdat het lichaam het volgende signaal geeft, gevolgd door het volgende, totdat we écht naar ons lichaam gaan luisteren.

Het kan effectiever zijn bij langdurige chronische gezondheidsproblemen om eerst de ondersteuning te zoeken van een healer. Om op de lange termijn gezond te blijven, is het beste advies om gezonde gewoontes aan te nemen, zoals gezond eten, dagelijks sporten en wandelen in de natuur.

Het is ook belangrijk dat een healer persoonlijke ervaring heeft met het toepassen van de gezondheidsadviezen die zij geven. Wanneer een healer hulpmiddelen adviseert die zij zelf hebben geprobeerd en waarvan zij hebben geprofiteerd, geeft dat de cliënt extra kracht en motivatie om het advies van de healer op te volgen.

**2019,
Jekaterinenburg (RUS)**

Ahamkara ervaart gezondheidsproblemen. Hierdoor stopt hij bijna met zijn werk als healer. Hij krijgt ernstig overgewicht en krijgt problemen met zijn interne organen. Dit is een periode waarin hij begint te twijfelen aan zichzelf: moet hij mensen helpen als hij zelf niet gezond is?

Op dat moment beseft hij dat zijn volgende taak op zijn sjamanistische pad aangekomen is: zijn eigen gezondheidsproblemen genezen. Dit wordt zijn nieuwe uitdaging. Hij beseft dat hij zijn levensstijl grondig moet veranderen. Dit wordt zijn belangrijkste focus. Hij begint met joggen en fitness. Door een gezonde levensstijl aan te nemen, traint hij zijn zelfdiscipline en bouwt hij zijn bewustzijn op.

In twee jaar tijd lukt het om zijn gezondheidsproblemen te boven komen en bereikt hij zijn doel om zijn zichzelf te genezen en zijn gezondheid te herstellen. Hij krijgt zijn fysieke kracht en zelfvertrouwen terug. Na zijn eigen genezing voelt hij zich weer zelfverzekerd en in staat om mensen te helpen.

De manier waarop healers voor hun eigen gezondheid zorgt, dient als voorbeeld voor cliënten die hulp en begeleiding zoeken. En soms leidt een gezondheidstraject tot een reis van zelfontdekking, van heling tot vervolgens zelf een healer worden.

LENTE 2012,
Rotterdam (NL)

Ik heb moeite met de fertiliteitsbehandeling die ik krijg en dit is nog maar het begin van het medische traject. Ik ovuleer en heb een regelmatige cyclus, maar de gynaecoloog heeft op basis van het eerste onderzoek geconcludeerd dat mijn progesteronspiegel na de ovulatie aan de lage kant is en dat clomifeen (een hormonale pil die meestal wordt voorgeschreven aan vrouwen die niet ovuleren) zou kunnen helpen door "de ovulatie te versterken".

Zodra ik deze pillen begin te gebruiken, heb ik het gevoel dat mijn eierstokken exploderen. Het voelt letterlijk alsof mijn eierstokken ballonnen zijn die zullen knappen als ze nog een dosis krijgen. Hét dóét píjn! Is dit normaal? Kan dit echt goed zijn voor mijn eierstokken?

De twijfel slaat meteen toe bij de eerste behandelingscyclus. En zo beginnen mijn twijfels over de huidige gezondheidszorg. Kunnen pillen die ons lichaam overstemmen of onderdrukken het ooit genezen?

De behandeling lijkt echter wel te werken, want ik word zwanger na deze pijnlijke ovulatiecyclus. We zijn blij dat we eindelijk een positieve test in onze handen hebben na meer dan een jaar proberen zwanger te worden.

Helaas krijg ik na vijf weken zwangerschap mijn eerste miskraam. De eerste tranen vloeien. Het was te mooi om waar te zijn, denk ik dan... Toch zijn de gynaecologen hoopvol, omdat de behandeling meteen heeft aangeslagen. Maar de volgende twee maanden met een hogere dosis van dit hormoon leveren geen positieve zwangerschapstests op – alleen herhaalde episodes van pijn alsof mijn eierstokken exploderen.

Ik voel meteen dat dit niet de juiste manier is. In ieder geval niet voor mij. Wat doe ik in godsnaam met mijn eierstokken? Mijn lichaam en mijn intuïtie schreeuwen: wat zo veel pijn doet, kan niet goed voor me zijn.

HERFST 2012,
Rotterdam (NL)

Ik begin te onderzoeken naar alternatieve methoden om mijn vruchtbaarheid te verbeteren en kom al snel terecht in de wereld van de Traditionele Chinese Geneeskunde (TCG). Ik duik meteen in deze eeuwenoude wijsheid die duizenden jaren geleden is opgebouwd. Hoe meer ik lees, hoe meer ik wil weten over de wereld van meridianen en de verbinding tussen lichaam en geest. De onderzoeker in mij spoort me aan om dieper te graven en te begrijpen hoe het allemaal werkt.

Na onderzoek volgt daad: ik boek een afspraak bij een TCG-therapeut in de Chinese wijk van Rotterdam. Tijdens de eerste ontmoeting vraagt de Chinese arts naar mijn menstruatie, maar ook naar mijn spijsvertering, mijn slaap en mijn eetpatroon. Ze controleert mijn pols en mijn tong. Ze concludeert dat bepaalde Chinese kruiden mijn spijsvertering en menstruatie zullen helpen en dat ik niet meteen acupunctuur nodig heb.

Ik begin met een kuur van vreemd uitziende, ruikende en smakende Chinese kruiden. Allemaal voor een goed doel! Ik merk meteen dat mijn menstruatie verandert: geen stolsels en een helderrode stroom als nooit tevoren.

Helaas leidt deze opoffering aan Erlik, in de vorm van geld en moeite die ik in deze Chinese kruiden steek, niet tot een zwangerschap. Maar ik voel me wel beter en mijn spijsvertering is zeker verbeterd – iets wat de Chinese arts elke keer controleert als ik bij haar op bezoek kom. Met haar gebrekkige Nederlands is zij de eerste die mij leert dat voor een gezond voortplantingssysteem eerst een gezonde spijsvertering nodig is.

Het is vroeg in de ochtend in ons vakantiehuis in de Belgische Ardennen. Terwijl ik mijn zeven maanden oude dochter in mijn armen houd, drukken haar kleine voetjes op mijn bovenbuik. Hoe meer ze op die plek beweegt, hoe meer pijn het doet. Wat zou dit kunnen zijn? Iets van na de bevalling? Mijn innerlijke stem zegt: "Het is je lever."

Mijn lever heeft na mijn eerste zwangerschap al signalen afgegeven toen ik een episode van een 'onverklaarbare ooginfectie' doormaakte, wat mogelijk met de lever te maken had, ook al lieten de diagnostische tests nog geen leverafwijkingen zien. Mooie boel, eerst 'onverklaarbare onvruchtbaarheid', daarna een 'onverklaarbare ooginfectie', dacht ik. Wat probeert het universum me nu weer te vertellen?

Tijdens mijn tweede zwangerschap kreeg mijn lever het zwaar te verduren, omdat de huiduitslag die ik had verergerde na een verkeerde diagnose, gevolgd door een antibioticavergiftiging. Dit was verreweg de ergste gezondheidsuitdaging van mijn leven. Ik had letterlijk overal jeuk. De jeuk was zo ondraaglijk dat ik 's nachts soms het gevoel had dat ik dood wilde. Tegelijkertijd wist ik dat dit een noodkreet van mijn lichaam was: Stop! Geen pillen meer!

Acupunctuur heeft me uiteindelijk gered van deze episode, maar ik weet sindsdien dat mijn lever absoluut meer aandacht nodig heeft. Ik voel me ook af en toe ineens misselijk.

Ik besluit medische hulp te zoeken voor een diagnose. Eerste stop: mijn huisarts. Ondanks mijn aandringen dat het mijn lever is, concludeert hij dat het mijn maag is en schrijft hij maagzuurremmers

---

[15] België

voor. Er is geen verbetering. De misselijkheid wordt zelfs erger.

Vervolgens krijg ik een recept voor nieuwe medicijnen, waardoor ik de hele dag misselijk ben. Ik stop er gelijk mee. Ik sla ook een endoscopie over, omdat ik diep van binnen weet dat mijn maag niet het probleem is. Ik stop met alle medicijnen die ik gebruik en vraag om een verwijzing naar een maag-darmspecialist.

FEBRUARI 2021,
Rotterdam (NL)

De maag-darmverpleegkundige voert wat bloed- en echografieonderzoek uit. Er komt niet veel uit, behalve een tekort aan vitamine B12 en ijzer. Ik krijg wat dieetadviezen om mijn darmen te ondersteunen. Over de lever of de galblaas wordt er niets gezegd. Nu weet ik zeker dat ik verder moet zoeken, buiten de reguliere geneeskunde.

MEI 2021,
Rotterdam (NL)

Ik klop opnieuw aan bij de Chinese geneeskunde. Acupunctuur biedt enige verlichting, maar de buikpijn is na een paar behandelingen nog steeds aanwezig. De acupuncturist stuurt me naar huis met het advies: "Je moet aan je emoties werken."

JUNI 2021,
Rotterdam (NL)

Daar ben ik dan, terug bij mijn lichaamgsgerichte therapeut Kim om aan mijn emoties te werken. Ik herbeleef een "oud hoofdstuk": het overlijden van mijn zusje. Ik probeer al sinds de familieopstelling aan het licht bracht dat ze zelfs geen grafsteen heeft, een symbolische begrafenis voor haar te organiseren. Omdat mijn ouders toch geen stappen hebben ondernomen om een gedenkteken voor te creëren voor haar, besluit ik zelf een klein ritueel uit te voeren tijdens ons aanstaande bezoek in Turkije.

JULI 2021,
Kocaköy (TR)

Ondanks de scherpe pijn in mijn linkerschouder na de ruzie die ik net met mijn moeder heb gehad, besluit ik het seleniet hartje te schilderen dat ik voor het graf van mijn zus heb gekocht. Nadat ik klaar ben met schilderen, ga ik naast de olijfboom liggen met mijn linkerschouder op de aarde.

Ik vraag de aarde om hulp terwijl ik me vasthoud aan de stam van de olijfboom. Voor het eerst in mijn leven voel ik een sterke energie door mijn hele lichaam stromen. Als ik opsta, voel ik dat de pijn in mijn schouder helemaal verdwenen is. Het voelt als een wonder. Umai's helende handen zijn komen helpen.

MAART 2022,
Rotterdam (NL)

Zo nu en dan voel ik de misselijkheid en de pijn in mijn bovenbuik nog steeds, daarom ik besluit een volledige homeopathische detox te doen. Ik voel een drang om alle resten van alle pillen die ik ooit heb geslikt voorgoed uit mijn systeem en uit mijn lever te halen.

Mijn homeopaat, Cisca, is zelf een spirituele vrouw, dus wanneer ik haar vertel dat ik nu aan mijn sjamanistische pad ben begonnen, stelt ze voor om een volledig detoxplan op te stellen, van mijn geboorte tot nu, om alle verstoringen in mijn systeem energetisch te resetten voor een frisse start. Dit zal een jaar duren, maar ik ben er helemaal klaar voor. Geen halve maatregelen meer; *let's go!*

Met deze detox ervaar ik de magie van homeopathie. Bij elke nieuwe behandeling herhaalt mijn lichaam de fysieke symptomen van destijds. Dit stelt me in staat om verschillende medische episodes in mijn leven met een nieuw bewustzijn te doorlopen.

Deze detox is ook een uitnodiging om de emoties die aan deze kwaaltjes verbonden zijn te doorleven en erop te vertrouwen dat mijn lichaam nu zichzelf zal genezen terwijl het de laatste resten afvoert. Stapje voor stapje voel ik me herboren. De misselijkheid en pijn verdwijnen langzaam en mijn buik is weer blij.

De conditie van onze buik is essentieel voor onze gezondheid. Alles begint bij onze buik, het centrum van ons lichaam en onze verbinding met Umai. De buik, waar onze levensenergie stroomt. De buik, die al onze hardwerkende vitale organen huisvest die alles verteren wat we consumeren – van voedsel tot emoties en levensgebeurtenissen.

Onze buik verdient onze liefdevolle aandacht en zorg. Genezing met Umai-energie is zacht en gericht op comfort en veiligheid. Genezingsmethoden met zachte aanraking en druk, zoals massage, stimuleren het loslaten van emotionele en fysieke blokkades in het lichaam.

Umai en onze buik vereisen herhaling en consistentie. Zorg dragen voor onze buik is idealiter een dagelijkse gewoonte van zelfzorg – een moment voor onszelf om contact te maken met ons lichaam, dag na dag.

Siberische dagelijkse zelfzorgpraktijk: MASSAGE van de INTERNE ORGANEN

Het masseren van de interne organen is een traditionele Siberische zelfzorg- en genezingsmethode voor lichaam en geest. Dagelijkse orgaanmassage, idealiter toegepast elke ochtend en avond, draagt bij aan de preventie van chronische ziekten.

Deze zachte drukmassage richt zich op de buik en onze interne organen die dag en nacht werken om ons in leven en gezond te houden. Al onze organen staan met elkaar in verband en beïnvloeden elkaar. Een blokkade of spanning in één orgaan wordt door de andere organen gevoeld. De spijsverteringsorganen (de galblaas, lever, alvleesklier, maag en darmen) zijn bijzonder belangrijk voor ons welzijn. Een probleem met de spijsverteringsorganen kan bijvoorbeeld leiden tot problemen met de voortplantingsorganen.

Orgaanmassage biedt genezing die verder gaat dan alleen het fysieke aspect. Het is een holistische methode die ervoor zorgt dat je door middel van aanraking en gevoel contact maakt met je lichaam. Naarmate je orgaanmassage beoefent, leer je contact te maken met elk orgaan en er dankbaar voor te zijn.

Omdat onze organen ook onze levensgebeurtenissen en de emoties die ze oproepen verwerken, helpt de verbinding met onze organen ons ook om te reflecteren op onze emotionele patronen die uit balans zijn. Ben je de laatste tijd prikkelbaar? Dan

JANUARI 2023,
Rotterdam (NL)

Ik wil graag leren hoe ik mezelf en mijn gezin holistisch kan genezen op alle niveaus: fysiek, mentaal, emotioneel en energetisch. Sinds ik heb gehoord over orgaanmassage en ontdekt dat Ahamkara deze traditionele massagetechniek doceert, zit de orgaanmassagetraining hoog op mijn verlanglijstje.

Mijn professionele motivatie is om dit aan te bieden als een vorm van fertiliteitsmassage. Ik ken de werking en de magie van massage door mijn ervaring als geboortedoula en ik wil het dan ook graag aanbieden als een vast onderdeel van mijn zorg als fertiliteitsdoula.

Wanneer Ahamkara een nieuwe online cursus orgaanmassage aankondigt, ben ik meteen enthousiast, omdat hij deze eeuwenoude lichaamswijsheid eerst als zelfmassage gaat doceren. Dit is een enorme bonus, omdat ik deze helende techniek dan als waardevolle zelfzorgvaardigheid kan leren en eerst op mezelf kan toepassen.

Hoewel ik deze vaardigheden zo snel mogelijk wil leren, is de timing verre van ideaal: we zitten midden in het proces van het verkopen van ons huis en het voorbereiden van onze verhuizing naar Friesland.

Terwijl ik twijfel of ik deze training nu wel moet volgen, ontvang ik een bericht van Ahamkara waarin hij aankondigt dat hij op zoek is naar mensen die hem kunnen helpen met oriënterende vragen over zijn aankomende trainingen. In ruil voor het beantwoorden van een reeks vragen over zijn trainingen en aanpak, ontvangen deelnemers aan deze voorinterviews opnames van sjamanistische rituelen geleid door Ahamkara. Ik grijp deze kans meteen aan en maak een afspraak voor een gesprek met Anastasia, de assistente van Ahamkara.

Wat een wijze jonge vrouw die Anastasia... Haar naam doet me meteen denken aan de Anastasia-boeken... Nadat we de vragen hebben doorgenomen, praten we ook over de orgaanmassagecursus die binnenkort van start gaat. Ze beantwoordt mijn belangrijkste vragen erover en verzekert me dat ik het cursusmateriaal in mijn eigen tempo zou kunnen volgen.

Anastasia stelt me vervolgens een cruciale vraag die na het gesprek nog steeds door mijn hoofd spookt: "Waarom stel je deze kans uit?" Goede vraag eigenlijk, waarom stel ik het uit? Financiën? Timing?

Misschien kan een gesprek met Ahamkara mijn twijfels wegnemen. Ik neem contact op met Ahamkara en zoals altijd nodigt hij me alleen uit, net zoals zijn eigen leraar dat jaren geleden deed. Hij zegt: "Als je voelt dat dit jouw pad is, ga ervoor."

Deze nieuwe stap op mijn sjamanistische pad voelt zo groot aan dat ik er bang voor ben. Ik besluit een reis naar de dromenwereld te maken om het antwoord te vinden. Ik krijg een duidelijk "Ja!", en het is de mier die als krachtdier verschijnt.

Ik ben nieuwsgierig naar de Spirit van de Mier en zoek snel wat informatie op over dit krachtdier. Ik vind het volgende: *Wanneer je voor een nieuwe kans staat, helpt de mier je om JA te zeggen. In sommige gevallen duidt de mier op een levensveranderend vooruitzicht. In eerste instantie lijkt het misschien overweldigend, maar uiteindelijk zal het je geluk brengen.* Dit teken is duidelijk ontvangen!

LENTE-ZOMER 2023,
Rotterdam (NL)

Ik heb JAAAA!!! gezegd tegen een van de beste beslissingen van mijn leven. De cursus orgaanmassage is gestart met een parasietenkuur. Net toen ik dacht dat ik elke cel in mijn lichaam had ontgift met homeopathie, voel ik oude symptomen weer een beetje opduiken.

Eén ding is me vanaf de eerste minuut duidelijk: deze cursus leert me de belangrijkste kennis die ik ooit heb opgedaan. Om te beginnen leer ik waar elk interne orgaan zich precies in mijn lichaam bevindt. Natuurlijk heb ik het wel eens op plaatjes of modellen gezien tijdens mijn biologielessen, maar om te weten waar ze precies zitten en ze met mijn handen te voelen, geeft een extra dimensie aan deze theoretische kennis.

Elke les is zo waardevol. Het voelt echt alsof ik geneeskunde studeer. Dit is geweldig, want het geeft me de mogelijkheid om een "dokter" te zijn voor mezelf, voor mijn familie en voor iedereen die mij om ondersteuning vraagt.

Naarmate de cursus vordert, ontwikkel ik een diep respect voor alle organen in mijn lichaam, die elke dag hard werken om me in leven en gezond te houden. Ik leer contact met ze te maken, te vragen hoe ze zich voelen en wat ze nodig hebben. Dit voelt als het opbouwen van een compleet nieuwe relatie met mijn lichaam.

En misschien wel het belangrijkste geschenk dat ik ontvang, is het ontwikkelen van de dagelijkse gewoonte om orgaanmassage toe te passen. Anouk, de cursusassistent van Ahamkara, heeft een Excel-bestand gemaakt om onze oefensessies bij te houden. Het is een scorebord en elke week staan er gouden, zilveren en bronzen medailles naast de beste beoefenaars. Ik vind deze discipline en stimulans prettig. Het werkt! Het lukt me helaas niet om twee keer per dag te oefenen, zoals Ahamkara adviseert, maar één orgaanmassage per dag voor het slapengaan wordt zo een vaste gewoonte.

Ik merk meteen de positieve veranderingen in mijn spijsvertering. Mijn darmen voelen zich beter dan ooit. Verrassend genoeg merk ik ook dat mijn menstruatiecyclus gaat van het onregelmatige patroon van de perimenopauze naar de gebruikelijke regelmaat. Ahamkara vermeldt tijdens de cursus dat als gevolg van orgaanmassage, de menstruatie zelfs weer op gang kan komen als de menstruatiebloeding nog niet te lang geleden is gestopt.

Volgens legendes verlengt dagelijkse orgaanmassage de levensduur tot wel 120 jaar. Ik weet niet zeker of dit buiten Siberië echt mogelijk is, maar ik ga in ieder geval graag voor gezond ouder worden!

Bovenal ben ik dankbaar dat ik een nieuwe, gezonde gewoonte heb kunnen ontwikkelen waarmee ik elke dag contact kan maken met mijn lichaam, welzijn en emoties. Want dáárin schuilt mijn diepste kracht.

JE PERSOONLIJKE KRACHT OPBOUWEN

Zelfzorg is essentieel in de sjamanistische levenswijze, omdat een gezonde ziel een gezond lichaam nodig heeft. Onze persoonlijke kracht is nauw verbonden met onze gezondheid. Wanneer we ziek zijn of fysieke problemen hebben, neemt onze persoonlijke kracht af. Omgekeerd ondersteunt een goede gezondheid onze persoonlijke kracht. Sommige mensen bouwen gedurende hun leven meer persoonlijke kracht op, terwijl anderen hun kracht juist verliezen.

Hoe kun je je persoonlijke kracht laten groeien?

Leid een gezonde levensstijl door te hardlopen, fitness, dansen en gezond te eten.

Neem je verantwoordelijkheid. Het is belangrijk om een goede balans hierin te vinden. Als je te veel verantwoordelijkheden op je neemt – en vooral als je verantwoordelijkheden op je neemt die je niet kunt nakomen – zul je uitgeput raken en zal je persoonlijke kracht afnemen. Neem verantwoordelijkheid voor de dingen die je leuk vindt, de dingen die je gelukkig maken, zoals je beroep of je roeping.

Maak contact met je Hert, het symbool van je persoonlijke kracht.

De sjamanistische ziel *Koet*, die op de sjamanistische kaart wordt weergegeven als het Hert, symboliseert onze persoonlijke kracht en de gave die we van Umai ontvangen. *Koet* is ook een geschenk van onze familie, dat we bij onze geboorte ontvangen. Als onze familie sterk en machtig is, is onze persoonlijke kracht sterk en gezond.

Sjamanistisch ritueel: VERBINDEN met je PERSOONLIJKE KRACHT

1. Pak je drum, begin te drummen en nodig je Hert uit.
2. Kijk hoe het Hert eruitziet; hoe gezond het is, of het sterk en schoon is en hoe het lichaam en de vacht eruitzien.
3. Breng het Hert naar de rivier en maak het schoon met water.
4. Neem het Hert mee naar het bos. Zoek wat kruiden en geef het Hert wat te eten.
5. Genees het Hert met je handen en door helende energie naar het Hert te sturen.

Controleer of je je na dit ritueel beter voelt, gezien het Hert je persoonlijke kracht vertegenwoordigt. Als je tijdens het ritueel merkt dat je Hert er niet goed aan toe is, herhaal dit ritueel dan na een tijdje.

Omdat onze Koet een geschenk van onze familie is, is het vragen en ontvangen van hulp van onze voorouders een nuttige bezigheid om onze persoonlijke kracht te herstellen en te versterken. Door onze voorouderlijke landen te bezoeken en de kracht die van onze voorouders stemt te herinneren, kunnen we hun hulp en steun inroepen. Rituelen ter ere van onze voorouders zijn krachtige herinneringen aan hun aanwezigheid, zonder welke we überhaupt niet zouden hebben bestaan.

Het is helend om de gebieden te bezoeken waar we geboren zijn en waar we onze eerste initiatie van de natuur hebben ontvangen. Daar begeeft onze *Ayami* zich, de natuurgeest van ons gebied van herkomst. *Ayami* heeft ons gezegend en zal ons genezing bieden wanneer we steun nodig hebben.

Magie ontstaat wanneer we ons verdiepen in onze wortels, in de landen waar onze ouders, grootouders en overgrootouders over de bospaden hebben gelopen, zich hebben verwonderd over de schoonheid van de hemel, uit de ijskoude rivieren hebben gedronken en hun tranen hebben gelaten.

FEBRUARI 2022,
Rotterdam (NL)

Ik geef mezelf een verjaardagscadeau: twee online familieopstellingen sessies met een Turkse therapeut om te ontdekken wat me ervan weerhoudt mijn lotsbestemming te bereiken. Ik ben benieuwd of er een emotionele blokkade is die ik van mijn voorouders heb geërfd, waarvan ik nog niet bewust van ben.

Er is één duidelijk thema dat de opstellingen onthullen: ROUW. Rouw rondom verloren kinderen. Rouw rondom achtergelaten landen van herkomst. Rouw rondom niet volledig benut vrouwelijke kracht.

En nu verlang ik er meer dan ooit naar het bezoeken van de geboortelanden van mijn voorouders.

APRIL 2022,
Rotterdam (NL)

Tijdens de online cursus *Sjamanisme voor beginners* begeleidt Ahamkara ons door een ritueel om onze voorouders te eren. Het is zo krachtig om me voor te stellen dat generaties moeders en vaders achter me staan. Al die vrouwen en mannen die hun genen, wijsheid en gaven aan mij hebben doorgegeven. Met tranen in mijn ogen vraag ik hen om steun en verwelkom ik hen in mijn leven, terwijl ze zie allemaal achter me staan en me steunen.

JUNI 2022,
Rotterdam (NL)

Ik volg de zachte stem van de geleide meditatie om onze spirituele helper te ontmoeten. In de eerste instantie verwacht ik een krachtdier te ontmoeten, maar de meditatie nodigt me uit om open te staan voor alle soort spirituele helpers, zoals engelen of voorouders.

En daar verschijnt ze: een jonge vrouw in Bolu, het *Ayami*-gebied van mijn vader, grootvader en zijn familie. Daar staat ze, lang en mooi, met haar twee lange bruine vlechten.

Ze reikt naar me uit en geeft me een klein houten doosje. Ik open het doosje. Dit is het geschenk dat ze voor me heeft meegebracht: haren van de staart van een zwart paard. Zou dit de familiekrachtlijn kunnen zijn waar ik naar op zoek ben? Mijn overgrootvader was een ruiter en hij gaf deze trotse titel door aan onze familie door hem in onze achternaam op te nemen.

Maar wie is deze jonge vrouw eigenlijk? Ik ga onze stamboom na en ontdek dat mijn betovergrootmoeder van vaderskant jong is overleden, toen ze nog maar 36 jaar oud was. Geen enkel levend familielid weet waardoor ze is gestorven. Hoe kan het dat niemand het weet? Dit betekent dat mijn overgrootmoeder haar moeder verloor toen ze nog maar 14 jaar oud was. Ze moet er toch over gepraat hebben? Of is dit één van de rouwonderwerpen die verborgen is gebleven, waarover niet in het openbaar gesproken is? Is dit dé rouw die mijn aandacht vraagt?

Mijn overgrootmoeder had *xanthelasma*, rondom haar ogen. Mijn tante heeft het ook en ik ook. Sinds ik me verdiep in de spirituele oorzaken van ziekten, ben ik op zoek naar wat deze kleine oranje vlekjes rond mijn ogen me vertellen.

'Iets dat niet gezien wordt' is het antwoord dat ik vaak heb gevonden en gekregen als verklaring. De zoektocht naar wat niet gezien is door de familie van mijn vader... Een zoektocht die óók begon na mijn miskraam in 2013. Dat was ook het moment waarop deze vlekken voor het eerst verschenen, dus het moet op de een of andere manier verband houden met het moederschap.

Mijn pogingen om ze te laten verwijderen hebben niet geholpen. Ze zijn twee keer verwijderd, maar ze zijn teruggekomen en zelfs groter geworden. Voorlopig heb ik ze geaccepteerd zoals ze zijn, maar ik blijf verder zoeken, in de mysteries van mijn familie.

JULI 2022,
Mavrovo (NMK[16])

We zijn aan het reizen door het voorouderlijk land van mijn moeder in het voormalige Joegoslavië. Ik

---

[16] Noord-Macedonië

stap uit de auto en zet voor het eerst voet op Noord-Macedonische bodem, het land waar mijn grootmoeder met haar familie vandaan vluchtte toen ze nog maar twee jaar oud was. Ik kijk om me heen, naar de bergen, naar de bomen. Ik luister naar de rivier die in de verte stroomt.

Ik ga liggen op het groene veld vol wilde bloemen. Ik ruik tijm. Dus zo ruiken mijn wortels, de meest intense tijmgeur ooit. Ik adem alles in en sla het op in de diepte van mijn geheugen. Mijn cellen kennen deze plek. En nu: ze herinneren het zich.

Ik loop naar de beuk, een beuk met vier dikke stammen. Ik ga zitten en leun met mijn rug tegen de stam. Ik voel me nederig door deze gigantische boom die me draagt. De zon schijnt door de takken. Ik maak een selfie van mezelf, omringd door dit licht. Later zie ik de lichtkringen overal om me heen in die foto.

Terwijl ik daar zit, voel ik de krachtige aanwezigheid en omhelzing van mijn grootmoeders- en vaders. Zonder hen stond ik hier nu niet. Zonder mijn overgrootmoeder, die haar hart en baarmoeder bleef openstellen voor nieuwe baby's, ondanks het verdriet om alle baby's die ze had verloren, zou ik niet bestaan.

Mijn overgrootmoeder, die waarschijnlijk tranen met tuiten huilde aan de rivieroever in de buurt, terwijl ze de kleertjes van haar baby waste. Zonder te weten of deze baby het zou overleven.

Mijn overgrootmoeder, die mijn grootmoeder baarde, de laatste baby die in haar baarmoeder groeide. Degene die ze als peuter droeg toen ze hun land van herkomst ontvluchtten, naar een land, naar een toekomst die ze niet kende.

Ik voel haar, bij elke stap die ik zet in Macedonië. Ik voel haar kracht. Ik voel haar verlangen. Ik voel haar verdriet en laat het over me heen spoelen.

Het is alweer een maand geleden dat we terugkwamen uit mijn voorouderlijk landen in de Balkan. Ik ben nog steeds bezig de energie die ik daar heb opgedaan te verwerken.

Dan word ik op een nacht wakker uit een levendige droom die ik graag iets langer had willen laten duren: het is zij, mijn overgrootmoeder. Ik herken haar van een foto van haar met mijn grootmoeder. Mijn overgrootmoeder belt me via Zoom (!) en zegt: "Ik ga je leren hoe je je stem moet gebruiken."

NOVEMBER 2024,
Luxwoude (NL)

Dit is de laatste live sessie van mijn schrijfcursus, toepasselijk getiteld *Own Your Story*. Het is waarschijnlijk geen toeval dat het doel dat ik voor mezelf heb gesteld voor deze cursus 'mijn stem vinden' is.

Met de eerste oefening vraagt onze schrijfcoach Eveline ons terug te gaan naar een gebeurtenis die ons leven heeft veranderd. En opnieuw brengt mijn ziel me terug naar díe dag, de dag waarop ik mijn zus verloor. Met deze vrije schrijfoefening is het alsof de deuren van mijn creativiteit zich weer openen. Dít is het verhaal dat ik met de wereld moet delen!

Terwijl ik luister naar de verhalen van andere deelnemers, realiseer ik me hoeveel universeel vrouwelijk leed er is, dat wacht om gedeeld te worden. En zo wordt mijn wens om mijn verhaal, het verhaal van mijn moeder, het verhaal van mijn overgrootmoeder te delen sterker dan ooit.

Zou dit zijn wat mijn overgrootmoeder bedoelde toen ze in mijn droom verscheen? Moet ik de stem van haar verhaal worden?

Kippenvel.

Ja, dat kan ik en dat zal ik doen!

JANUARI 2025,
Luxwoude (NL)

Kort na dit nieuwe inzicht neem ik contact op met Françoise, de presentatrice van de podcast *'That Fertile Feeling'*, om te vragen of ik mijn verhaal over het helen van intergenerationeel trauma mag delen in haar podcast. Françoise is enthousiast over mijn aanbod en we spreken af om de podcast op te nemen op de verjaardag van mijn dochter. Ik geloof niet (meer) in toeval, dus ik beschouw het als een prachtig teken uit de geestenwereld: zij is ons tweede kind, onze dochter die op natuurlijke wijze is verwekt. Het is alsof een cyclus echt wordt afgesloten en een nieuwe begint.

Terwijl Françoise me begeleidt naar een meditatie, voel ik mijn hele lichaam trillen. Het voelt alsof ik op het punt sta een enorme stap op mijn pad te zetten, de stap om mijn verhaal met de wereld te delen. Ik nodig mijn oma en overgrootmoeder uit om me geestelijk te steunen tijdens dit interview. Mogen alle woorden die ik vandaag spreek andere vrouwen inspireren en helen op hun fertiliteitsreis, bid ik.

Ik had wat aantekeningen gemaakt voor de opname, maar terwijl ik mijn verhaal begin te vertellen, voel ik me alsof ik in een lichte trance spreek en ga ik mee met de stroom van de details die vandaag gedeeld willen worden. Op het hoogtepunt van mijn verhaal voel ik mijn stem licht trillen. Het heeft 40 jaar geduurd om dit verhaal te delen – een kleine stap voor de mensheid, een grote stap voor mij en voor alle vrouwen vóór mij.

Mijn verhaal, een lange reis naar zwanger worden, van diep graven in de menselijke gezondheid, van ontdekken van de verbinding tussen lichaam, geest en ziel en van merken hoe dit holistische perspectief de eerste stap naar genezing vormt.

SJAMANISTISCHE GENEZING

In de kern van **sjamanistische geneeswijzen** ligt in de erkenning dat psychische problemen ten grondslag liggen aan gezondheidsproblemen. Sjamanen weten dat de oorzaken van ziekte op spiritueel niveau ontstaan en zich vervolgens manifesteren in het fysieke lichaam. Andersom is het ook zo dat als het fysieke lichaam beschadigd raakt dat dit weerspiegeld wordt op spiritueel niveau. Omdat sjamanen werken met de diepere oorzaken van gezondheidsklachten, zijn ze in staat om meer ziekten te genezen.

De reden waarom sjamanistische genezing effectief is, is omdat het op alle niveaus werkt – lichaam, geest en ziel. Als iemand financiële problemen heeft, is er meestal een onderliggend gevoel van ongelukkig zijn met het leven. Iemands levensstijl is ook een weerspiegeling van hoe die persoon op het leven reageert. Als iemand bijvoorbeeld anderen de schuld geeft van zijn of haar gebrek aan geluk, creëert dit een zeer zware energie voor die persoon.

Sjamanistische genezing werkt met de spirituele aspecten van een ziekte door de onderliggende oorzaak van de ziekte in het energieveld te genezen. Wanneer het spirituele niveau genezen is, worden de gevolgen in het fysieke lichaam, zoals ziekten, aandoeningen en verslavingen, weggenomen en voorkomen.

Acceptatie staat centraal voor de genezing van elke ziekte of elk probleem in het sjamanisme. Als je je situatie accepteert zoals die op een bepaald moment is, kun je een nieuw evenwicht vinden. En vanuit dit nieuwe evenwicht groei je en genees je. Als je je ziekte echter niet accepteert, zul je ertegen vechten en dat helpt het genezingsproces juist niet.

Waar je je op focust, groeit.
Waar je je liefdevolle aandacht aan geeft, geneest.

Genezing verandert het interne ritme van het lichaam van disbalans naar gezond. Alle problemen met de fysieke gezondheid of de mentale toestand zijn het gevolg van een overgang van een gezond ritme naar een pijnlijk ritme. Om dit probleem op te lossen, is het voldoende om het zieke orgaan terug te brengen naar zijn gezonde trilling. Het enige wat een genezer hoeft te doen, is herkennen waar de trillingen in het lichaam van de cliënt onder het normale niveau liggen en deze terugbrengen naar een gezond niveau. Hiervoor gebruikt een sjamaan een drum, rituelen, de hulp van spirits, massage, kruiden, vasten en andere praktijken.

Het is echter belangrijk te beseffen dat een sjamaan niet in staat is de vibraties van een cliënt boven die van zichzelf te verhogen. Daarom moet een healer hun eigen vibratie voortdurend ontwikkelen en verhogen met behulp van sjamanistische praktijken. Het kan voorkomen dat de vibraties van de sjamaan hoger zijn dan die van de cliënt en dat de sjamaan de vibraties van de cliënt verhoogt, maar dat dit net niet voldoende is om zichtbare verbeteringen te bewerkstelligen. In zulke gevallen blijkt het probleem van de cliënt te groot voor de sjamaan en om dit op te lossen, moet de sjamaan zijn of haar eigen vibratie verhogen. Hoe hoger de vibratie van de sjamaan, hoe complexere problemen hij of zij cliënten kan helpen oplossen.

Hoe weet een genezer welke delen van het lichaam van een cliënt lage vibraties hebben? Deze vibraties zijn erg snel en kunnen niet met de oren worden gehoord of met de aanraking worden gevoeld. Om deze vibraties te lezen, gebruikt de healer hun gevoel. **Voelen** is het vermogen om verbinding te maken met de vibraties van de cliënt en deze te herkennen als gezond of ongezond.

Een healer gebruikt de energie rond hun handen om trillingen in verschillende delen van het lichaam van de cliënt te lezen en probleemgebieden te herkennen. De healer maakt contact met de trillingen van de cliënt en voelt welk orgaan in het lichaam ziek is. Vervolgens keert de genezer zich naar binnen, luistert naar zichzelf en herkent precies waar het probleem zit en wat de bijbehorende energie is. Door contact te maken met problematische trillingen, verhoogt de healer deze tot zijn eigen niveau en elimineert de oorzaak van de ziekte.

Voor een sjamaan maakt het eigenlijk niet uit wat de naam van de ziekte van een cliënt is. Artsen in de reguliere geneeskunde bepalen de aard van de ziekte aan de hand van uiterlijke symptomen en kijken naar wat andere mensen helpt herstellen van die ziekte. Sjamanen gaan anders te werk: ze voelen waar er een disbalans is in de trillingen van het lichaam van de cliënt in kwestie en herstellen de trillingen naar hun normale niveau.

Sjamanen geven er niet om wat voor ziekte het is, hoe het heet en wat andere mensen helpt. Ieder mens is uniek en wat de één heeft geholpen, zal de ander niet per se helpen. De sjamaan richt zich op de individuele cliënt en brengt diens energie weer in balans, waardoor de cliënt genezen wordt.

Nadat een sjamanistische healer de vibraties van de cliënt heeft verhoogd en de oorzaak van het probleem is verdwenen, is het van groot belang dat de cliënt de vibraties op dit nieuwe niveau houdt. Lukt dit niet, dan zullen de vibraties weer dalen en zal het oorspronkelijke probleem terugkeren, soms in een ander deel van het lichaam. Daarom adviseert de sjamaan de cliënt om zijn of haar levensstijl aan te passen om de vibraties in het algemeen te verhogen. Dit kan worden bereikt door middel van kruiden, voeding, lichaamsbeweging, massage of andere leefstijlveranderingen. De aanbevelingen worden voor elk specifiek geval afgestemd op de energie van de betreffende cliënt. Vibraties (of ritme) en het vermogen om deze te herkennen vormen de basis van sjamanistische genezing.

Ahamkara begint met het geven van sjamanistische healings na het eerste intensieve jaar van zijn sjamanistische opleiding Hij reist vijf jaar lang samen met zijn leraar, sjamaan Arzhan, door Rusland en Europa om mensen te helpen. Gedurende deze jaren leert hij en helpt hij mensen tegelijkertijd. Doordat hij ook feedback en bevestiging van zijn leraar ontvangt over zijn healings, helpt dit proces hem om zelfvertrouwen op te bouwen.

In het begin is hij gehecht aan zijn leraar en voelt hij zich veilig in zijn nabijheid. Op een gegeven moment realiseert hij zich dat hij zich van zijn leraar moet losmaken om verder te kunnen komen op zijn eigen pad als sjamaan.

Als Ahamkara terugkijkt op deze periode, staat één healing die hij helemaal zelf uitvoerde hem nog helder voor de geest. Deze healing was zijn overgangsritueel. Hij moest een healing uitvoeren voor een drugsverslaafde die door zijn drugsverslaving in grote problemen kreeg in zijn leven, werk en relaties.

Bij zo'n fundamentele healing moet de cliënt zich van tevoren voorbereiden op het ritueel. Hij moet ongemak doorstaan en zijn lichaam en geest mentaal trainen vóórdat hij het ritueel ontvangt. In dit geval moest deze persoon twee weken lang drugsvrij blijven. Dit was het lijden, het offer aan Erlik, dat hij moest doorstaan vóór de healing. Door ervoor te kiezen clean te blijven, committeerde hij zich al aan zijn genezing.

De voorbereiding op de genezing is bedoeld om de intentie van de cliënt om genezen te worden te versterken. Deze intentie werkt samen met de intentie van de healer. In dit specifieke geval waren beide intenties zeer sterk. Het voelde als een uitdagende healing, een overgang naar 'volwassenheid' op het sjamanistische pad van Ahamkara.

Op de dag van het ritueel bereidde Ahamkara eerst de heilige ruimte voor. Het was laat in de avond in het bos. Het vuur brandde in het midden. Ahamkara voerde het ritueel van de Twee Meren van Erlik uit – een krachtig sjamanistische dood ritueel, begeleid door intens drummen. Hij werkte met de Spirit van Verslaving rond het lichaam van zijn cliënt en bracht deze als offer naar de Twee Meren van Erlik.

Na de reiniging moest de cliënt emotioneel laten zien dat hij klaar was om de Spirit van Verslaving los te laten. Terwijl de cliënt zich van de Spirit van Verslaving scheidde, schreeuwde hij heel hard. Het geschreeuw was zo hard dat de mensen rond het vuur bang werden. Toen de cliënt zich van de negatieve energie scheidde, was hij uitgeput. Het was een enorme ontlading en het was zo intens dat hij daarna op de grond viel.

Op dat moment ging Ahamkara over van intens drummen naar zacht drummen, terwijl zijn cliënt op de grond lag om uit te rusten. Hij vervolgde met een Umai-ritueel om zijn cliënt te verbinden met liefde en vreugde.

Dit ritueel gaf Ahamkara een enorme boost aan zelfvertrouwen als healer, aangezien drugsverslaving een zeer ernstig probleem dat altijd een grote verantwoordelijkheid voor een healer is. Voor een jonge healer zoals hij was dit ook een moment van vreugde, omdat hij voelde dat hij de wereld van dienst kon zijn en besefte dat hij een enorme stap had gezet in het vervullen van zijn lotsbestemming als sjamaan. Het ritueel bleek succesvol en de cliënt bleef nog drugsvrij wanneer ze een half jaar later weer contact hadden.

Veel genezingen volgden dit belangrijke overgangsritueel als healer. Inmiddels heeft Ahamkara zijn eigen manier van werken met cliënten ontwikkeld. Voor hem begint alles met het eerste contact. Tijdens de eerste minuten van de communicatie met cliënten, wanneer ze over hun problemen praten, stemt hij zich af op hun energie. Dit helpt hem niet alleen om naar de woorden te luisteren, maar ook om te voelen waar de oorzaak van het probleem ligt.

Hij gebruikt verschillende technieken bij fysieke problemen om te achterhalen welk orgaan het probleem veroorzaakt. Om de juiste behandeling te vinden, vraagt hij om aanwijzingen van geesten of luistert hij naar zijn eigen intuïtie. Het komt vaak voor dat een cliënt, vóórdat de eigenlijke behandeling begint, een voorbereidingsperiode moet doorlopen, bijvoorbeeld door het lichaam te reinigen of bepaalde kruiden te gebruiken.

Verschillende issues vereisen verschillende genezingsmethoden. Om nog prille, kleine problemen op te lossen, is één sessie vaak voldoende. Hij adviseert een cliënt om zijn dieet, levensstijl of andere aspecten van zijn leven aan te passen. Als cliënten zijn aanbevelingen opvolgen, behalen zij goede resultaten.

Voor sommige cliënten voert hij een ritueel uit waarbij hij afreist naar de droomwereld, waar hij de oorzaak van een probleem aanpakt. Het maakt niet uit of een cliënt naast hem staat of duizenden kilometers verderop: in het sjamanisme speelt afstand geen rol, omdat sjamanen met energie werken.

Als een probleem echter al langer staand en complex is, zijn er meer sessies nodig. Het oplossen van ingewikkelde problemen kan drie tot vier weken duren, soms zelfs meerdere maanden. Hij nodigt dergelijke cliënten vaak uit in zijn retraitecentrum Zhivo. Met de sterke, ondersteunende energie van de omringende Siberische natuur is het voor de cliënten gemakkelijker om hun gewoontes te veranderen, en kan hij zijn helende rituelen dagelijks uitvoeren.

Een healer weet nooit van tevoren hoe lang het zal duren om het probleem van een cliënt op te lossen. Genezing hangt ook af van de cliënt zélf: als ze zich inspannen, komen de resultaten sneller.

Tijdens de behandeling van een cliënt verhoogt en herstelt Ahamkara de energie van de problematische organen. Toch duiken problemen na een healing meestal weer op, omdat een cliënt vastzit in zijn ongezonde gewoontes. Zolang ze doorgaan met wat het probleem heeft veroorzaakt, zal het probleem terugkeren. Daarom krijgen cliënten aanbevelingen over wat ze in hun leven moeten veranderen. Dit kan hun voeding zijn, hun manier van denken, hun perceptie van de wereld, hun gedrag in relaties, hun lichaamsbeweging, of iets anders dat relevant is voor hun situatie.

Om ervoor te zorgen dat het herstel van de cliënt goed verloopt, begeleidt Ahamkara hen enige tijd na het eerste consult. Hij informeert naar hun welzijn en beantwoordt hun vragen. Cliënten behalen over het algemeen goede resultaten met deze vorm van nazorg.

Natuurlijk zijn er cliënten die de aanbevelingen na het ritueel niet opvolgen, waardoor de problemen na verloop van tijd terugkeren. In dergelijke gevallen probeert hij het contact met de cliënt te verbeteren om de juiste aanpak te vinden, zodat deze persoon alsnog de gewenste resultaten kan behalen.

Duurzame genezing hangt net zozeer af van de cliënt als van de sjamaan. Ahamkara heeft ook cliënten gehad die aanzienlijk genezen, maar een bepaald punt van genezing bereiken waarop ze tevreden zijn en niet langer de behoefte voelen om veel meer moeite te doen. Hij herinnert zich bijvoorbeeld een cliënt die zeven jaar lang verlamd was door PLS (primaire laterale sclerose) en wiens toestand steeds verder verslechterde totdat hij contact opnam met Ahamkara.

De cliënt raakte verlamd nadat hij op tv zag hoe zijn zoon, die in Afghanistan in militaire dienst was, werd aangevallen. Ze kregen lange tijd geen informatie over zijn toestand. Dit verlamde letterlijk zijn lichaam. Uiteindelijk werd duidelijk dat zijn zoon alleen gewond was en werd behandeld, maar deze periode van onzekerheid leidde tot het begin van zijn verlamming, die zo verergerde dat hij uiteindelijk niet meer kon lopen.

Ahamkara werkt met hem totdat zijn toestand stabiliseert en hij weer kan lopen. Hoewel hij nog niet volledig genezen is, is hij tevreden met zijn situatie. Om volledig te genezen, zou hij meer veranderingen in zijn levensstijl moeten aanbrengen en langer moeten vasten. Wanneer de cliënt niet in staat is om verder aan zichzelf te werken, moet de genezer dit uiteindelijk accepteren.

Toen Ahamkara begon als healer, stemde hij zich af al vóór zijn 'werkdag'. Hij maakte een sjamanistische trancereis naar de toekomst, ontmoette daar de cliënten met wie hij die dag moest werken en bereidde zich voor op een goed resultaat. Nu, na vele jaren oefening, werkt hij niet meer met zo'n voorbereiding, omdat alles goed komt zonder voorafgaande voorbereiding.

Meestal werkt hij met vier tot vijf cliënten per dag, maar soms ontvangt hij er wel tien op één dag. Op zulke drukke dagen raakt hij erg vermoeid en moet hij herstellen van het werken met cliënten. Om op te laden, wandelt hij alleen in het bos of zwemt hij in natuurlijke rivieren of meren.

Zelfs aan het einde van zulke vermoeiende dagen is hij altijd vervuld met een diep gevoel van geluk. Dit geluk is intenser dan hij ooit zou kunnen halen uit materiële bezittingen of activiteiten. Hij vindt het buitengewoon dat hij elke dag zijn roeping mag volgen en met plezier nieuwe bladzijden van zijn leven omslaat.

Veel cliënten sturen zelfs maanden na hun samenwerking nog bedankbrieven. De mooiste feedback die hij van iemand kan krijgen, is te horen dat de behandeling of het ritueel dat hij heeft aangeboden hun leven heeft veranderd.

SEPTEMBER 2023,
Luxwoude (NL)

Ik heb de cursus orgaanmassage van Ahamkara afgerond. Kort na afloop van de cursus realiseer ik me dat ik bij mijn inschrijving een gratis healing van hem had kunnen krijgen. Ik ben blij dat ik dit cadeau heb ontdekt (beter laat dan nooit!) en eindelijk de kans heb om hem als healer te ervaren.

Voordat we beginnen met de healing, rondt hij eerst mijn certificaat voor de training in orgaanmassage af. Hij komt zo mijn geboortedag te weten en deelt dat hij ook in dezelfde maand jarig is als ik, vlak na mijn verjaardag. Een Waterman, uiteraard! Wat een leuke verrassing!

Ik vraag hem eerst voor een healing om meer klanten voor mijn bedrijf aan te trekken. Dit vindt hij niet een probleem dat geheeld moet worden. Hij ziet het meer als een kwestie van zelfvertrouwen opbouwen. Hij stelt voor dat ik contact maak met de Spirit van de Wolf voor meer zelfvertrouwen en adviseert me om de energie van het huis en de keuken regelmatig te reinigen met salie als bescherming tegen negatieve energieën.

Vervolgens vraag ik hem voor een healing voor mijn dochter, met name voor haar duimzuiggewoonte, waar ze moeite mee heeft om af te komen. Ik sluit mijn ogen en ontspan me totdat Ahamkara me terugroept om zijn advies te geven. Hij stelt voor dat mijn dochter contact maakt met de Spirit van de Vos om meer flexibiliteit te krijgen en steun te ontvangen bij het afkomen van haar gewoonte.

De volgende dag begint magie te ontstaan zonder dat ik een woord zeg of iets doe: mijn dochter besluit "spontaan" haar vossenhandpop te gebruiken om haar duim te bedekken en begint de hulp van de Vos te ontvangen om van haar gewoonte af te komen.

OKTOBER 2024,
Luxwoude (NL)

Zelf ben ik nog steeds bezig met de thema het aantrekken van meer cliënten voor mijn praktijk. Na een jaar marketingcursussen te hebben gevolgd om mijn bedrijf beter op de markt te kunnen zetten, heb ik het gevoel dat ik nog steeds iets mis. Daarom neem ik deel aan het online webinar van mijn favoriete orakelkaartontwerper, Colette Baron-Reid. Ze geeft een driedaagse workshop over hoe je contact kunt maken met de Spirit van je Bedrijf, zodat deze je kan gidsen tijdens je ondernemersreis.

Tijdens de eerste geleide meditatie worden we uitgenodigd om de Spirit van ons Bedrijf te ontmoeten. Ik ben ontroerd door het feit dat er een lange, witte vrouw verschijnt. Ik heb het gevoel dat dit Umai is. Wat een eer om te voelen dat zij mijn missie steunt om vrouwen te ondersteunen tijdens de transformatieve fase van zwanger worden, zwanger zijn en bevallen.

En wat een sterk teken van Moeder Umai, om haar en haar spirit terug te brengen naar mijn bedrijf! Ik denk terug aan het moment dat ik de naam *Path of Umay* had bedacht voor het programma dat ik twee jaar geleden lanceerde. Ik had deze naam laten vallen na het luisteren naar marketinggoeroes, omdat ik concludeerde dat het te abstract zou zijn voor een gemiddelde bezoeker van mijn website.

Tijdens de tweede geleide meditatie worden we uitgenodigd om te gaan dineren met de Spirit van ons Bedrijf. Het feit dat de vergaderkamer in de eerste meditatie zich in mijn woongebied bevindt, geeft mij het gevoel dat ik een missie heb in de regio waar ik nu woon. Waarom lukt het me dan niet om klanten aan te trekken sinds we hier zijn komen wonen? Tijdens het diner in een lokaal restaurant, waar verder niemand is, vraag ik Umai hoe ik mijn huidige uitdagingen kan overstijgen. Ze geeft aan: "Je moet naar Germaine gaan. Zij kent de weg hier." Ik onthoud dit advies, hoewel ik nog niet zeker weet hoe ze mij kan helpen.

NOVEMBER 2024,
Luxwoude (NL)

Alweer een mislukt gezamenlijk zakelijk initiatief, alweer een enorme teleurstelling. Een dieptepunt... Inmiddels ben ik oud genoeg om te weten dat zulke momenten vaak de meest krachtige en transformerende keerpunten blijken te zijn. In het leven beseffen we meestal pas achteraf dat we niet voor niets een dieptepunt hebben bereikt. Godzijdank ben ik wijs genoeg om te weten dat zelfs falen uiteindelijk goed voor me kan zijn.

De reden voor dit mislukte initiatief komt echter hard aan. De feedback die ik van deze persoon ontvang, heb ik namelijk al meerdere keren gehoord. Ik voel me afgewezen. Alweer. Omdat ik ben wie ik ben. Omdat ik openlijk zeg waar ik heilig in geloof.

"Je moet het voorzichtig aanpakken", zeggen ze telkens weer. Terugkijkend op mijn hele leven, verbaast het me dat ik ooit heb kunnen denken dat ik een carrière als diplomaat zou kunnen hebben. Het leven heeft me keer op keer laten zien dat tactvol en diplomatiek zijn precies is waar ik niet goed in ben. Misschien, heel misschien, kan ik het toch nog leren?

Maar op dit punt in mijn leven heb ik eigenlijk geen behoefte meer aan diplomatie. Ik voel dat ik geboren ben om de waarheid te vertellen. Mijn waarheid. De waarheid zoals ik het zie. Ook al heb ik mezelf daardoor al meerdere malen in de problemen gebracht... Ik heb maar een paar hele goede vrienden – dierbaren die de pure, ongecensureerde, ongefilterde waarheid zoals ik die zie, kunnen waarderen.

Vanuit waar ik nu sta voel ik diep van binnen dat dit ook mijn helende kracht is: eerst confronteer ik mensen met de waarheid die zij onder ogen moeten zien. Nadat dit duidelijk op tafel ligt, ondersteun en begeleid ik ze met veel zorg, liefde en aandacht.

Ik wil hier meer van, niet minder! Ik wil vooruit, meer mezelf worden. En ik voel me klaar om de steun van Germaine te ontvangen om steviger op dit pad te staan en te lopen.

In de dagen voorafgaand aan de healing met Germaine voel ik de energieën al stromen. Mijn lichaam geeft me sterke signalen. Het is alsof mijn hart raast. Dit razen doet me denken aan mijn betovergrootmoeder, die op 36-jarige leeftijd overleed: zou het kunnen dat ze aan een hartaanval is ten onder gegaan?

De hartaanvallen die in de familie van mijn vader drie plotselinge sterfgevallen op jonge leeftijd hebben veroorzaakt: de grootste angst die nog steeds in de familie leeft, diep verankerd in de gezondheidskeuzes van velen in de familie. Toen ik in het verleden probeerde de hartaanvallen in de familie te doorgronden, heb ik mc altijd afgevraagd of het eigenlijk de angst voor een hartaanval was die hen fataal is geworden, waardoor ze uiteindelijk het familiekarma herhaalden...

Ik sta stil bij mijn bonzende hart. Ik luister naar binaural beats om wat verlichting te vinden. Ik probeer het te rationaliseren: 'Misschien is het gewoon de perimenopauze.' Mijn hart en schildklier blijven tekeergaan. Ik voel me misselijk. Ik denk dat ik maar beter kan gaan slapen. Ik vraag mijn betovergrootmoeder om vannacht via mijn dromen contact met me te maken, om me een aanwijzing te geven waar dit allemaal over gaat. Helaas is mijn slaap die nacht veel te onrustig voor de levendige dromen waar ik zo naar verlang.

De dag hierna ga ik gelukkig naar Germaine en hoop ik tijdens de healing meer antwoorden te krijgen. Als ik bij haar aan tafel zit, verschijnt de geest van mijn betovergrootmoeder meteen. "Ze is gestorven aan haar hart", zegt Germaine, "aan alle emoties die ze niet kon uiten". Ze probeerde een gelukkig leven te leiden met haar verstand, maar dat was niet genoeg. En zo bleef het hartprobleem in de familie, samen met de onderdrukte emoties die zo graag gevoeld wilden worden. En zo begint de healing met een bom!

We lopen van de tafel naar de behandelruimte met de massagetafel. De tranen rollen meteen over mijn wangen als Germaine me vertelt dat mijn overgrootmoeder mijn haar streelt, precies zoals ik me altijd voorstel dat mijn haar gestreeld wordt als ik me verdrietig voel.

Vervolgens oefent Germaine druk uit op mijn lever. Au! Hoe kan het nog steeds pijn doen, precies daar waar mijn dochter als baby met haar kleine voetjes drukte? Ik geef al bijna twee jaar elke dag orgaanmassage aan mijn buik en als Germaine me juist op die plek aanraakt, doet het weer pijn.

"Heb je een zus?" vraagt ze.

Daar is mijn zusje ook al bij me. Het verdriet om haar dood en wat dit voor mij en mijn ouders heeft betekend... Nog steeds zo diep in mijn cellen gegrift, na meer dan tien jaar helingswerk...

Germaine blijft de pijnlijke plek masseren en vertelt me dat mijn kleine zusje met haar kleine handjes over mijn gezicht streelt. Huil maar een rivier vol tranen... De oceaan van verdriet die maar blijft stromen... Bijna veertig jaar en het is er nog steeds. Ik voel het nog steeds. Het doet nog steeds pijn. Het zusje dat nooit vergeten zal worden. Mijn zusje, een spirituele gids op mijn helingspad, dat is ze wel zeker.

Na de verbinding met deze twee dierbare zielen ben ik nu klaar om meer helende kracht te ontvangen. Germaine zet sjamanistische drummuziek op de achtergrond. Ze drumt zelf ook en heeft haar sjamanistische kostuum aangetrokken.

Ik voel de verschuiving in mijn helingsproces. Het voelt alsof ik een stap verder zet om meer van mezelf te laten zien en te geven, meer van mijn sjamanistische kant.

En deze magische verbinding met mijn voorouderlijke gidsen... Op al mijn voorouders kan ik altijd leunen. Altijd. Ze zijn hier bíj me. Ze zijn er voor me. Het is tijd voor mij om mijn persoonlijke kracht te omarmen.

5

DE RIVIER van GROEI: ULGEN

In oeroude tijden leefde er een wijze oude sjamaan in de Altaj. Zijn macht was immens. Hij wist hoe hij Ulgen om rijkdom en overvloed voor de volkeren van de Altaj moest vragen. Hij wist met welke woorden hij Erlik moest aanspreken, zodat Erlik de mensen geen kwaad zou doen. De sjamaan verstond de taal van vogels en dieren; hij wist hoe hij in het verleden en de toekomst kon kijken.

Deze sjamaan leefde in een wilde taiga, te midden van bergketens. Zijn hut van berkenbast stond eenzaam aan de rivier. Alleen zij die in grote nood verkeerden, konden de weg naar de sjamaan vinden.

De sjamaan vergaarde grote wijsheid gedurende zijn lange leven. Hem werd geopenbaard hoe mensen in harmonie zouden moeten leven met andere mensen, het land, het water en de hemel, met de dieren en de vogels, zodat het land van de Altaj voor altijd zou blijven bestaan, bloeien en rijk worden.

De sjamaan leefde vele jaren – sommigen zeggen honderd jaar, anderen zelfs tweehonderd jaar. Toen hij in de toekomst keek en zag dat zijn tijd in deze wereld ten einde liep, peinsde de sjamaan diep. Als hij zou sterven, zou deze grote wijsheid met hem sterven, want hij had geen zoon en geen leerling om hem op te volgen.

De sjamaan verliet zijn woning en ging naar de mensen, naar de dorpen. Hij wilde een man vinden met een heldere geest en een stralende ziel aan wie hij zijn kennis kon doorgeven. Maar hoe langer de sjamaan liep, hoe meer teleurgesteld hij raakte. De mensen waren kleinzielig geworden en de hemelse vonk in hen was gedoofd.

Een jonge jager wilde de taal van de dieren en de vogels leren om ze naar zijn prooi te lokken. De slimme en sterke zoon van de Khan vroeg zich af hoe hij Ulgen alleen voor zichzelf. geluk en rijkdom kon vragen. Niemand wilde aan hun land denken.

De sjamaan keerde terug naar zijn schuilplaats. Hij trok zijn beste kleren aan voor een ritueel, herinnerde zich de belangrijkste woorden, wendde zich tot Ulgen en vroeg: "Wat moet ik nu doen?"

Zes dagen achter elkaar zong en danste de sjamaan. Op de zevende dag beantwoordde Ulgen de vraag van de sjamaan: "Neem een gladde boom, neem gladde stenen en schrijf je grote wijsheid erop! Laat die geschriften in de diepten van de Altaj wachten op een man met een heldere geest en een zuivere ziel!"

De zes dagen die volgden, lag de oude sjamaan uitgeput neer. Op de zevende dag stond hij op, nam glad hout en gladde stenen en begon er kostbare letters in te kerven. Niemand zag zijn werk; niemand hoorde het kloppen op de steen; niemand weet waar de sjamaan zijn kennis bewaarde en verborgen hield; en niemand weet of hij de tijd had om zijn belangrijkste kennis over hoe de mensen en de aarde in vrede zouden moeten leven, na te laten, of dat hij stierf voordat hij zijn missie kon voltooien. Alleen Ulgen weet het.

In de Altaj, tussen de bergketens, stroomt de Samuralu-rivier, waar de woning van de oude sjamaan ooit stond en waarvan de naam vertaald kan worden als 'het verborgen boek der wijsheid, geschreven in hout en steen'. Misschien komt er ooit een mens met een zuivere ziel en een hemelse vonk aan wie de schatten van de oude sjamaan geopenbaard zullen worden en zal er eeuwige vrede en genade heersen in het Altaj-land.

ULGEN: De Spirit van de Bovenwereld

Aan het hoofd van de hemelgoden staat *Ulgen*, een edelmoedig wezen dat leeft voorbij de maan en de zon en boven de sterren aan de hemel. De Khakass, Altaj en Shors geloven dat Ulgen de oppergod is, het hoofd van de geesten van de Bovenwereld en de schepper van het universum.

Ulgen wordt afgebeeld als een humanoïde figuur met een licht dat straalt uit zijn hoofd. Men gelooft dat zijn schepping van de wereld zes dagen duurde. Ulgen creëerde niet alleen de aarde, de hemel, de zon, de maan, de regenboog, de donder, de bliksem, de hagel en het vuur, maar ook de eerste mens, evenals een hond om hem te bewaken.

Veel mensen zijn ervan overtuigd dat Ulgen tot op de dag van vandaag onze wereld blijft scheppen, zittend in een gouden paleis boven alle hemellichamen op het hoogste en centrale punt van het universum: op de top van de wereldberg. De teksten van de sjamanen van de Altaj voor de godheid Ulgen, die door etnografen zijn gevonden, geven aan dat Ulgens gouden paleis in de hemel alleen bereikt kan worden via een pad dat voorbij zeven (of negen) barrières ligt.

Sjamanen brengen al eeuwenlang bloedoffers aan Ulgen, meestal een driejarige witte zeevogel. Het ritueel wordt na drie, zes, negen of twaalf jaar herhaald in grote menigten. Samen met Ulgen leven in de hemel de zonen en dochters van Ulgen, evenals de zonen van Erlik, die de beschermers zijn van de Altaj-clans en aan wie dezelfde offers worden gebracht als aan Ulgen.

Ulgen wordt tegengewerkt door Erlik, het hoofd van de Onderwereld, aan wie alle boze geesten onderworpen zijn. Volgens sommige legendes is Ulgen de broer van Erlik; volgens anderen is hij Erliks schepper of schepping. Legendes beweren dat Ulgen de sjamanen heeft geschapen om zich tegen Erlik te beschermen. Ulgen is ook degene die de gave van het sjamanisme schenkt. Hij stuurt geestelijke helpers naar toekomstige sjamanen en geeft aan hoe hun sjamanendrum eruit moet zien.

Ulgen behoort tot de Bovenwereld van hoge vibraties. De Bovenwereld lijkt op de onze, maar is onaangetast gebleven door de mens en de bewoners leven er nog steeds volgens de traditionele wetten van hun voorouders. De heerser van de Bovenwereld is Ulgen, die tevens de zoon is van Vader Hemel.

Soms, wanneer de poorten van onze wereld naar de Bovenwereld opengaan, kunnen mensen het licht ervan zien, die eruitziet als zonnestralen die door de wolken breken. Gebeden die op zulke momenten worden uitgesproken, zijn bijzonder krachtig.

Om naar de Bovenwereld te reizen, moet men kunnen vliegen en sjamanen die besluiten de reis ernaartoe te maken, veranderen zich vaak in vogels. Andere gedaanten die een sjamaan hiervoor kan aannemen, zijn een vliegend hert of paard.

VERBINDEN MET DE HEMEL

Ulgen is de grote schepper. Met deze energie zijn we in een flow. We voelen ons geïnspireerd en creëren nieuwe dingen in de wereld. Wanneer de energie van Ulgen sterk is, manifesteren we onze dromen en wensen.

Wanneer mensen zich gestrest, depressief en verloren voelen, weten ze vaak niet wat ze moeten doen en waar ze heen moeten. Op zulke momenten hebben ze de verbinding met hun toekomst verloren en voelen ze niet waar hun levenspad hen naartoe moet leiden. Om (opnieuw) verbinding te maken met Ulgen, moeten we onze frequentie verhogen en onze energie laten stromen.

De intentie van Ulgen is het creëren van nieuwe dingen die zich manifesteren in de fysieke realiteit. Elke creatie begint met een intentie en deze intenties stijgen op naar de hemel. Ulgen ontvangt ze allemaal en helpt ze te materialiseren. Soms moeten we wel een tijdje wachten tot we ontvangen wat we nodig hebben.

Onze communicatie met Ulgen moet bewust plaatsvinden. Elke keer dat we ergens aan denken, stijgt het op naar de hemel als onze intentie. Daarom is het belangrijk om positief te denken over onszelf, ons leven en anderen. Hoe positiever we denken, hoe meer we een positieve toekomst voor onszelf creëren. Het is niet gemakkelijk om altijd positief te denken, maar we kunnen ons bewust richten op positief denken terwijl we plannen maken voor de toekomst en onze boodschappen naar de hemel sturen. Hoe duidelijker onze intenties zijn, hoe gemakkelijker het voor Ulgen is om ze aan ons te geven.

APRIL 2022,
Rotterdam (NL)

Ik ervaar mijn eerste sjamanistische wensritueel tijdens Ahamkara's online beginnerscursus. Tijdens het delen van dit wensritueel legt hij uit dat wensen die je uitspreekt meestal binnen een jaar uitkomen. Ik kies ervoor om ons toekomstige huis op het platteland te visualiseren, waar we al twee jaar naar op zoek zijn. Moge Ulgen ons helpen onze wens te vervullen!

Ik lees het boek *The Divine Design* van Lorie Ladd.[17] Het is echt boeiend en verruimt mijn bewustzijn. Sinds ik ben begonnen met lezen, heb ik levendige dromen, levendiger dan ooit tevoren, zoals door sterrenstelsels vliegen.

Op een nacht droom ik van een getal. De volgende nacht droom ik dat ik de sleutels van een huis met datzelfde nummer krijg. Dít is ons huis! En de persoon die me de sleutels geeft in de droom? Het is een eeuwigheid geleden dat ik deze persoon in het echt heb gezien. Wat betekent het dat hij degene is die me de sleutels geeft? Zijn naam betekent 'goddelijk', dus ik denk dat ik moet gaan bidden voor ons huis? Om te beginnen neem ik via Facebook contact met hem op om te vragen hoe het met hem gaat. Alles is goed, dus deze voorteken gaat in ieder geval niet letterlijk over hem.

De dag erna: ik zie een huis op Funda met het huisnummer dat ik in mijn droom zag verschijnen. Oh mijn God, dit móét ons huis zijn! Het is een huis met een diepe tuin, omringd door hoge bomen, precies zoals ik had gewenst.

We maken een afspraak om het huis te bezichtigen. Ik ben helemaal verliefd op de tuin en de energie van het huis spreekt me erg aan. Terwijl ik door de tuin loop, raak ik twee berkenbomen aan en vraag ik ze wat dit huis voor ons gezin kan betekenen. De ene belooft ons warmte, de andere flow. Wauw! Dit is het! We gaan dit huis kopen!

---

[17] Ladd, L. (2022) *The Divine Design: The Untold Story of the Earth's and Humanity's Evolution in Consciousness*. Lorie Ladd LLC.

De deal is snel rond: we gaan verhuizen naar Friesland! En raad eens wanneer we de sleutels krijgen? Volgend jaar in april, op de verjaardag van de persoon die in mijn droom verscheen en bijna precies een jaar na het wensritueel met Ahamkara. Wat een droom die uitkomt!

NOVEMBER 2024,
Luxwoude (NL)

Ik ben ontzettend blij dat we nu de lessen over Ulgen krijgen in Ahamkara's sjamanistische jaaropleiding. Ulgen de Spirit van de Hemel, de Spirit van de Toekomst, de Spirit die onze wensen laat uitkomen. Als Waterman heb ik me altijd verbonden gevoeld met de toekomst, alsof ik al met één voet in de toekomst sta. Het idee dat er een helpende spirit is die ons naar de toekomst brengt waar we van dromen, klinkt voor mij als een droom.

Ahamkara leert ons hoe we bewust contact kunnen maken met Ulgen, zodat we onze dromen kunnen waarmaken. Net als alle grote spirits is Ulgen ook belichaamd in de natuur. De berkenboom, de boom van Ulgen, heeft een speciale plaats binnen het Siberische sjamanisme. De berkenboom helpt ons onze wensen te realiseren door ze naar de hemel, naar Ulgen, te sturen.

Ik luister naar Ahamkara terwijl hij drumt en de *trancereis naar de wensboom* leidt:

Sjamanistisch ritueel: DE WENSBOOM

Sluit je ogen en ga naar de top van een kleine berg, bedekt met een berkenbos. Je ziet veel licht en de heldergroene kleuren van de berkenbladeren. De zon schijnt tussen de bladeren door en geeft je een zeer positieve energie met een hoge frequentie.

Je ziet een pad dat omhoog leidt naar de top van een kleine berg. Deze berg ligt in de Altaj en biedt een prachtig uitzicht over het bos en de rivier Katun. Op de top van de berg staan niet veel bomen. Er groeit slechts één grote berkenboom: deze berkenboom is **de wensboom** *en heeft drie takken die uit de stam komen.*

Om je wensen naar de hemel te sturen en ze kracht bij te zetten, moet je in het midden van deze berkenboom gaan zitten met je rug tegen een stam en je handen tegen de andere twee stammen. Sluit je ogen in deze positie en visualiseer wat je wenst. Maak je intentie duidelijk; visualiseer het; en stel je voor dat je je wens naar de hemel stuurt.

De berkenboom zal je hierbij helpen, omdat de stammen kanalen vormen tussen jou en de hemel. De wensboom versterkt je wens en zorgt ervoor dat je wens sneller uitkomt.

Dit ritueel... Het opent onmiddellijk de deuren naar mijn ziel en voert me tegelijkertijd naar talloze synchroniciteiten uit het verleden, naar hoe de berkenboom altijd aanwezig is geweest op verschillende keerpunten in mijn leven.

Mijn zoon, mijn betekenisvolle geschenk uit de hemel... Ooit, toen ik een klein meisje was, droomde ik er altijd van een zoon te krijgen, een zoon die mijn beste vriend zou zijn.

Jaren later, wenste ik moeder te worden nadat ik mijn trauma's zou verwerken. *'Be careful what you wish for'*, zeggen ze. Want het kostte tijd om deze wens in vervulling te laten gaan. Ik wist toen nog niet dat het een levenslange reis is om je wonden te helen.

Diep vanbinnen voel ik tot op de dag van vandaag dat de ziel van mijn zoon zich in 2013 bij ons voegde. Hij kwam kort verschijnen en liet me achter met de grootste aanwijzing voor mijn genezing: de datum waarop ik hcm vcrloor.[18] Mei 2013, de Moederdag waarop ik hem verloor, was tegelijkertijd de dag waarop ik voor het eerst moeder werd. Het was ook een moment van openbaring, een keerpunt in mijn reis naar moederschap.

Hoe langer deze reis duurt, hoe meer ik me begin af te vragen of deze reis een eigen doel heeft in mijn zielsbestemming. De kennis die ik over de thema's rondom fertiliteit, zwangerschap en geboorte heb opgedaan mag niet verloren gaan. Het gevoel dat ik moet delen wat ik onderweg heb geleerd, groeit. Maar hoe? Zou dit me naar mijn pad als healer kunnen leiden?

Met al deze vragen die door mijn hoofd spoken, krijg ik op mijn verjaardag in februari 2014 een tarotreading van mijn beste vriendin Carolina. De reading wijst naar een nieuw pad: een 'moeder voor moeders' worden.

---

[18] Je kunt het verhaal van deze miskraam (opnieuw) lezen op pagina 39-41.

Een moeder voor moeders... Dat is wat een doula[19] is, concludeer ik snel. Na een snelle online zoektocht ontdek ik dat er volgende week de doula-opleiding in Amsterdam van start gaat. Wauw, dat is snel! Zo snel dat ik me nog niet helemaal klaar voel voor deze grote nieuwe stap. Ik heb nog wat tijd nodig om te wennen aan het idee om dit nieuwe pad te bewandelen.

JULI 2014,
Rotterdam (NL)

Ik ben er nu klaar voor! Eindelijk schrijf ik me in voor een training tot counselor en coach om vrouwen te ondersteunen tijdens hun fertiliteitstraject en voor een doula-training om vrouwen te begeleiden tijdens hun zwangerschap en bevalling. Zó ga ik de wereld dienen!

De dag erna: ik houd een positieve zwangerschapstest in mijn handen. Een dag om nooit meer te vergeten. De dag waarop mijn grootste wens in vervulling ging.

Jaren van proberen, huilen, helen... En eindelijk zie ik de twee streepjes op de zwangerschapstest, voor de derde keer. Maar deze keer weet ik het; deze keer vertrouw ik erop dat ik deze baby zal baren en in mijn armen zal vasthouden.

En door deze synchroniciteit krijg ik het gevoel dat onze zoon er nu van overtuigd is dat ik de juiste stap richting mijn levenspad zet om een healer te worden. Met deze waardevolle bevestiging vanuit de hemel in mijn buik, begin ik mijn pad te bewandelen en mijn lotsbestemming te vervullen.

---

[19] Een niet-medische begeleider die vrouwen fysiek, praktisch, mentaal en psychologisch bijstaat tijdens de zwangerschap, de bevalling en de kraamperiode.

We hebben eindelijk de naam van onze zoon gekozen, terwijl we het nieuwe jaar verwelkomen, het jaar waarin we hem zullen ontmoeten. We schrijven de eerste letter van zijn naam B in de lucht met vuurwerk.

BERKE – de naam die me al maanden roept. Een echt Turkse naam, afkomstig uit Centraal-Azië, de naam van de kleinzoon van Dzjengis Khan, Berke Khan, een naam die staat voor 'macht en kracht'.

Een naam die ook in het Nederlands bestaat, afgeleid van de berkenboom. En een bonusdansje omdat de naam ook in het Fries bestaat (de lokale taal van de regio waar mijn man vandaan komt) en 'stralend' betckcnt.

De berkenboom, een noordelijke boom die gedijt in koudere klimaten en symbool staat voor nieuwe energie en een nieuw begin.

De naam van mijn zoon, om me voor altijd te herinneren aan het geschenk dat hij is voor mijn heling en mijn pad als healer.

Ik ben 38 weken zwanger en we verwachten de bevalling nog niet, maar mijn zoontje kiest zijn speciale dag uit om "door het portaal te komen" zoals hij het zelf zal noemen als hij 7 jaar wordt en we het over zijn geboortedag hebben.

Dit is geen gewone dag. Vandaag is er een totale zonsverduistering op de dag van de equinox – een zeldzame samenloop van omstandigheden. Een krachtige dag om een nieuw begin te markeren en de geboorte van de lente te verwelkomen. Ook de allerlaatste dag van het astrologische teken Vissen. Mijn kleine wijze jongen, waar ik zo naar verlang en die ik zo graag wil ontmoeten.

Wat een dag om te bevallen! Terwijl ik mijn weeën aan het opvangen ben, sta ik plotseling zonder een woord te zeggen op en loop naar de eetkamer. Ik pak de armband die mijn vriendinnen voor mij hebben gemaakt tijdens mijn *blessingway*-ceremonie.[20] Ik houd mijn armband vast en vertrouw op de vrouwelijke kracht en intenties die met elke kraal meegegeven zijn. Op datzelfde moment wordt de lucht donker. De zonsverduistering bereikt zijn hoogste punt en mijn weeën worden steeds sterker.

OKTOBER 2015,
Rotterdam (NL)

Mijn zoon kan al zelfstandig zitten en heeft zijn eerste tandjes. En ik ben er klaar voor om langzaam uit mijn postpartum cocon te komen.

Ik heb net mijn eerste bevalling als doula begeleid. Pure magie: de sfeer, de energie, alle liefde, alle oxytocine. Ik weet het meteen: ik blijf doula zolang mijn lichaam het toelaat!

Na deze eerste bevalling besluit ik concrete stappen te zetten om mijn bedrijf op te starten. Ik heb een naam nodig voor mijn bedrijf. Mijn hart gaat uit naar 'berk – *birch*', als eerbetoon aan mijn zoon en als een woord dat rijmt op geboorte – *birth*. Ik registreer birch.nl, althans dat denk ik, totdat de webhostingprovider me een waarschuwing stuurt dat

---

[20] Een ceremonie ter ere van zwangere vrouwen voordat ze moeder worden, gebaseerd op de tradities van de Navajo-indianen uit Noord-Amerika.

deze domeinnaam al geregistreerd is door een bedrijf met dezelfde naam. Foutje en *change of plans*!

Ik sluit mijn ogen voor inspiratie voor een nieuwe naam: 'Birth Wish' komt in me op. Ik ben er meteen verliefd op en begin met de naam te spelen. '*Your Birth, Your Wish* – Jouw Geboorte, Jouw Wens' – een mooie bedrijfsslogan. Laat je wensen uitkomen. Ja! *Let's go* birthwish.nl!

APRIL 2020,
Rotterdam (NL)

Mijn vriendin Carolina is bezig met een onderzoek naar neosjamanisme. Ze deelt de resultaten van dit onderzoek met mij voor feedback, samen met wat bronnen en boeken. De onderzoeker in mij duikt vol nieuwsgierigheid de wereld van het sjamanisme in.

Een van de eerste dingen waar ik op stuit, is dat de berkenboom in Siberië als de boom van de sjamanen wordt beschouwd. Het is de boom die ze gebruiken om hun drums van te maken en de boom waaraan ze worden 'begraven' als ze sterven.

Kippenvel. Mijn zoon, mijn sjamanistische pad. Ik voel dat de berkenboom weer een nieuwe deur opent, de deur naar het sjamanistische hoofdstuk van mijn leven.

In alle sjamanistische legendes komt een boom voor – een lariks, spar of berk. En het hele leven van de sjamaan, van geboorte tot dood, is verbonden met deze boom.

Volgens de Jakoetische legende plantte de oppergod Aya Toyon drie bomen. Zittend aan hun voet bereidde hij alle attributen voor de eerste sjamaan voor en leerde hem vervolgens hoe hij zich moest gedragen ten behoeve van het volk in de strijd tegen boze geesten. De Jakoeten geloofden dat de zielen van toekomstige sjamanen in de vorm van kleine vogels op deze heilige boom werden grootgebracht.

Wanneer iemand sjamaan wordt, wordt de rand van hun drum gemaakt van een stuk hout, terwijl de vogelgeesten naar de sjamanistische pilaar vliegen. Sjamanen krijgen hun drum niet meteen. Spirits staan hen toe het drum te gebruiken terwijl ze in sjamanistische trance zijn. Een spirit vertelt hen over de structuur van hun drum en wijst hen de boom aan waarvan het drum gemaakt moet worden. Meestal is dit een berkenboom, waarvan slechts een stuk hout wordt gebruikt, zodat de boom niet doodgaat.

De sjamanendrum wordt met leer bekleed, beschilderd en voorzien van metalen hangers. Wanneer het drum klaar is, wordt het ritueel van het inleiden van het drum uitgevoerd. Het dier, waarvan de huid voor om het drum wordt gebruikt, wordt de beschermgeest van het drum. En de sjamaan kan erop rijden in de geestenwereld. Het drum bevat de uiterlijke ziel van een sjamaan in de gedaante van een dier en is de personificatie van sjamanistische kracht en levenspad.

JULI 2016,
Zhivo (RUS)

Germaine reist voor de tweede keer naar Siberië. Hoewel ze de sjamanistische jaaropleiding van Ahamkara al twee keer (een keer live en een keer online) heeft gevolgd, heeft ze nog steeds geen eigen drum. In Zhivo kopen de andere studenten drums, maar zij weigert pertinent. Ahamkara moet lachen om Germaines weerstand.

Dan, op een nacht, terwijl Germaine in bed ligt, krijgt ze een visioen van een prachtige boom, die steeds dichterbij komt. Germaine beseft dat dit de sjamanistische boom is. Dan ziet ze ook een prachtig drum aan een van de takken van de boom hangen. Na deze droom weet ze dat ze nu een eigen drum moet hebben.

Wanneer Germaine haar droom aan Ahamkara vertelt, zegt hij: "Het is tijd. Je drum roept je."

Ze pakt één van Ahamkara's drums waar ze zich toe aangetrokken voelt. Ze houdt hem vast en wordt als het ware één met het drum. Eindelijk zijn ze verenigd: Germaine en haar drum.

Niet iedereen hoeft naar Siberië te reizen om hun sjamanistische drum te vinden. Degenen met een sjamanistische roeping ontmoeten die meestal tijdens hun sjamanistische opleiding.

SJAMANISTISCHE OPLEIDING

Sjamanistisch leren duurt een leven lang, maar de eerste stadia van de sjamanistische vorming vormen de belangrijkste fase. Een leraar moet de leerling begeleiden om hen in te wijden in spirituele geheimen, te coachen bij het opbouwen van een nieuwe persoonlijkheid, de weg naar andere werelden te wijzen en voor de gevaren die zich voordoen tijdens het uitvoeren van een ritueel te waarschuwen.

Een sjamaan krijgt pas erkenning na een intensieve leerperiode: een periode die zowel wordt gegeven door de spirits in de vorm van dromen, visioenen en trance-instructies, als door ervaren sjamanen die sjamanistische technieken en kennis over de geesten overdragen. Deze leerperiode, die soms in het openbaar plaatsvindt, is gelijk aan een initiatieritueel. Dit ritueel kan echter ook plaatsvinden zonder de betrokkenheid van anderen, tijdens de slaap of in trance.

De sjamanistische leer van het Altaj-sjamanisme kent een mondelinge traditie. Er zijn geen geschreven teksten over de grondbeginselen, bepalingen of verklaringen. Evenmin zijn er canonieke regels, geboden, verboden, gebedsteksten, enzovoort. Alle leer wordt mondeling en visueel overgebracht, met behulp van eenvoudige rituele hulpmiddelen. Er is geen professionele hiërarchische specialisatie gebaseerd op bepaalde rituelen en beproevingen die sjamanen moeten ondergaan tijdens hun opleiding in het Altaj-sjamanisme.

De sjamanistische opleiding in de Altaj is niet eenvoudig en vereist niet alleen fysiek uithoudingsvermogen, maar ook spirituele toewijding. De initiatie begint met een lange periode van voorbereiding en zuivering. De leerlingen brengen weken door in diepe bossen of op bergtoppen, afgezonderd van de wereld om hen heen. Ze eten alleen planten en wortels, brengen dagen en nachten door in meditatie en gebed, en bereiden hun geest voor op de ontmoeting met de spirituele wereld.

Na deze initiatie begint de training in de basistechnieken van de sjamanistische praktijk: contact leggen met natuurgeesten, werken met energieën en het helen van lichaam en geest. De leerling ondergaat beproevingen en tests van hun kracht en geloof in het vermogen om een ware sjamaan te worden.

De rituelen tijdens deze training kunnen soms angstaanjagend zijn. De leerlingen ontvangen visioenen, horen stemmen van geesten en ervaren tegelijkertijd extase en angst. Zij dompelen zich onder in de wereld van schaduwen en dromen, zoeken antwoorden op vragen over leven en dood en bereiden zich voor om een bemiddelaar te worden tussen de wereld van de levenden en de geesten.

2001-2002,
Gorno-Altaysk (RUS)

Ahamkara accepteert de uitnodiging van zijn leraar, sjamaan Arzhan, om deel te nemen aan zijn sjamanistische training in de Altaj. Dit is het moment waarop hij zijn comfortabele leven, familie en vrienden in de stad achter zich laat om zijn sjamanistische pad te bewandelen in een klein dorpje in de Altaj.

Vanaf dat moment begint de reis om te drinken uit de bron van wijsheid van zijn leraar om te groeien. De naam van zijn sjamanistische leraar betekent letterlijk bron en hij belichaamt deze naam in zijn onderwijsfilosofie. Ahamkara ziet zijn leraar als een waterval die van een bergtop stroomt en zijn wijsheid deelt met zijn leerlingen.

Het eerste trainingsjaar in de Altaj draait volledig om leren en discipline. Bootcamp elementen zoals hardlopen en zwemmen in ijskoud water maken regelmatig deel uit van de sjamanistische training.

Vasten neemt een belangrijke plaats in binnen de fysieke training, zowel als methode voor ontgifting als zelfgenezing. Er wordt geoefend met vasten tot wel zeven dagen achter elkaar. Vasten is geen vast gebruik, maar de echte moeilijkheid zit hem in het feit dat het vasten plotseling begint, op initiatief van de leraar.

Ahamkara vindt deze onverwachte periodes van vasten behoorlijk uitdagend. Hij weet niet wanneer het vasten begint en wanneer het eindigt. Hij heeft er geen controle over. Dit vormt in feite de kern van de opleiding van een sjamaan-leerling in Siberië: vertrouw op de leraar en geef je volledig over.

Sjamanistische opleiding heeft één kerndoel: bijdragen aan de groei en ontwikkeling van een individu. Siberische sjamanistische training legt de nadruk op het opbouwen van persoonlijke kracht en het vermogen om obstakels in het leven te overwinnen. Het is behoorlijk zwaar en enigszins vergelijkbaar aan het toetreden tot een klooster. Je moet je leraar volgen. In die zin gaat het ook om het trainen van je ego door te vertrouwen op het oordeel en de instructies van je leraar.

Er is altijd een zekere afstand tussen leraar en leerling die bewaard moet worden om respect te waarborgen. Leraar en leerling mogen niet te close worden, maar ook geen vrienden. Anders gaan leerlingen de leraar lesgeven.

Vertrouwen en respect voor de leraar versnelt het leerproces van de leerling. Dit betekent echter niet dat de leerling voor altijd leerling blijft. De rol van de leerling is vergelijkbaar met die van een kind: de leerling neemt alle informatie die de leraar geeft in zich op en absorbeert deze totdat hij of zij "oud genoeg" is om deze zelfstandig toe te passen.

2005-2006,
Valthe (NL)

Mura sluit zich aan bij de sjamanistische healer opleiding die Ahamkara in Nederland aanbiedt. Dit voelt echt als thuiskomen voor haar. Ze heeft al veel spirituele boeken gelezen, maar dit is anders: alles voelt goed en alles lijkt eindelijk op zijn plaats te vallen.

Ze absorbeert de training als een spons. En wat ze het meest waardeert, is dat Ahamkara zich zo "gewoon" gedraagt: hij gaat gewoon bij de groep zitten en begint zijn verhaal te vertellen, terwijl ze bij de andere sjamanen die ze had ontmoet altijd het gevoel had gehad dat ze op hun troon zaten en "de kinderen" vertelden dat ze naar hen moesten luisteren. Ahamkara vertelt gewoon zijn verhaal en dat maakt hem juist zo bijzonder.

2007,
Valthe (NL)

Nadat Mura haar sjamanistische jaaropleiding afrondt, meldt ze zich aan voor de sjamanistische dood rituelen die Ahamkara leidt, omdat ze nog steeds verlangt naar meer sjamanisme.

Rond dezelfde tijd neemt Ahamkara afscheid van de assistente met wie hij had samengewerkt voor zijn evenementen en lessen in Nederland. De eigenares van het toenmalige spirituele centrum Mirre, waar Ahamkara's trainingen plaatsvinden, vraagt Mura of ze zijn nieuwe assistente wil worden.

Voor Mura is het een enorme stap om Ahamkara te vragen of hij haar als zijn assistente wilt. Uiteindelijk verzamelt ze al haar moed en vraagt het aan hem. Ze wacht vol spanning op zijn antwoord. Het antwoord is kort en duidelijk: "Ja."

Vanaf dat moment assisteert Mura Ahamkara negen jaar lang tijdens zijn trainingen en evenementen in Nederland. Deze jaren als assistente waren nooit saai, omdat ze elke keer weer iets nieuws leerde.

Het is soms een uitdaging om Ahamkara's assistente te zijn. Hij stemt zich altijd af op de energie van de groep, waardoor de plannen plotseling kunnen veranderen. Dit leert Mura flexibel te zijn en altijd voorbereid te zijn om bijvoorbeeld een vuur aan te steken. Ze heeft altijd kaarsen, kranten, lucifers, enzovoort bij zich voor een vuurceremonie of om het drum op te warmen voor een ritueel.

Tijdens haar jaren als assistente voelt Mura zich een leerling, maar dit ligt meer aan haar dan hoe Ahamkara haar laat voelen. Hij vraagt haar zelfs af en toe om de ceremonies te leiden, zodat ze met de groep kan oefenen. Tijdens de ceremonies die zij leidt, doet hij gewoon mee als lid van de groep en bemoeit zich verder niet met het proces. Deze ervaringen stellen haar in staat om langzaam in haar rol als docent te groeien, als ze geleidelijk begint haar eigen sjamanistische ceremonies, cursussen en jaaropleiding aan te bieden.

2008,
Assen (NL)

Ahamkara verblijft bij Mura's huis tijdens zijn lesdagen in het noorden van Nederland. Mura assisteert hem inmiddels al een jaar, maar ze verlangt er nog steeds naar om meer te leren en zich verder te verdiepen in haar sjamanistische pad.

Wanneer ze hem na zijn verblijf bij hen thuis naar het treinstation in Assen brengt, moet ze al haar moed weer bij elkaar rapen, ditmaal om hem te vragen zijn persoonlijke leerling te worden.

Mura omhelst Ahamkara eerst op het perron als hij de trein instapt. Voordat hij zijn plaats inneemt, vindt ze met kloppend hart nog net de juiste woorden: "Ik heb nog één laatste vraag: mag ik jouw persoonlijke leerling worden?"

"Prima!" zegt Ahamkara, "en je eerste les is: ga je angsten aan!" En de treindeuren sluiten voordat Mura de kans krijgt een antwoord te geven. Perfecte, goddelijke timing!

Mura blijft achter en denkt: 'Shit! Dit is níét wat ik wil!' Maar diep van binnen weet ze dat ze deze taak op zich moet nemen, ook al heeft ze een enorme hekel aan haar "huiswerk".

Angst is al jaren een thema in haar leven en ze weet dat ze er nu deze uitdaging aan moet gaan. Ahamkara geeft haar eigenlijk nooit een les of huiswerk over hoe ze haar angsten moet overwinnen. Hij observeert gewoon wat ze doet, wat ze zegt en wat ze vraagt.

Keer op keer stemt hij zich af op wat ze bereid is te doen en wat ze nodig heeft. Dit betekent in de praktijk dat Mura zelf het initiatief moet nemen en dat op zich is al eng! Hij daagt haar in die zin echt uit.

Mura belt Ahamkara soms voor advies over verschillende problemen in haar leven, en soms zegt hij alleen maar: "Angst is bindend."

Gedurende deze jaren als zijn persoonlijke leerling zijn het nooit lessen of opdrachten geweest zoals ze had verwacht, maar ze leert veel, simpelweg door te observeren wat er gebeurt en door zelf alle stappen te moeten zetten.

Ik had in de zomer van 2019, een spirituele retraite gewenst op de sterren en de gelegenheid deed zich precies voor in de lente van 2020 toen ik me klaar voelde om de volgende stap op mijn levenspad te zetten.

Ik kocht mijn vliegtickets en regelde alles, inclusief een oppas voor de kinderen. Ik was klaar om naar Turkije te vliegen voor een retraite in één van de mooiste bosgebieden in Bolu, de geboorteplaats van mijn vader. Mijn wortels riepen me.

En toen: een wereldwijde lockdown; alle vluchten geannuleerd en iedereen in een surrealistische, virtuele wereld geworpen, opgesloten achter hun schermen in hun huizen...

Ondertussen vormt de natuur een schril contrast met de lege, verlaten straten. De zon schijnt elke dag; de bomen krijgen hun velgroene bladeren; de velden staan vol met wilde bloemen.

Toch ga ik ook wel mee met het nieuwe fenomeen van online webinars en bijeenkomsten. Het lijkt erop dat het overal ter wereld tijd is om even stil te staan en om te focussen op zelfzorg.

Ik stuit op de oproep voor een online samenkomst van een collega in Turkije, Filiz de dappere vrouw die pleit voor wat we collectief het meest nodig hebben: rouwen. Ik had nooit gedacht dat een online rouwcirkel zo krachtig kon zijn. Ik huil om al het gedeelde verdriet en begin te lezen over rouw.

Rouwen... Een thema dat diep in mijn cellen zit, een thema waarmee ik al op mijn achtste, veel te vroeg in aanraking mee kwam, een thema dat steeds weer op mijn deur klopt.

Dankzij haar literatuuradviezen begin ik Francis Wellers *The Wild Edge of Sorrow*[21] te lezen – een boek over rouwen die mij de lagen van verdriet laat doorvoelen: mijn verdriet, het verdriet van mijn voorouders, het verdriet van de wereld. En dan hoor ik mijn roeping weer, mijn roeping om de wereld te dienen en te helen. Ik voel dat de tijd is gekomen om de volgende stap te zetten in het volgen van het pad van mijn ziel – het pad dat ik niet meteen helemaal durfde te bewandelen toen ik mijn diploma's en academische carrière opzij zette om mijn hart te volgen.

Destijds zei ik tegen mijn vriendin Carolina: "Ik wou dat ik later als ik groot ben sjamanistisch healer kon worden." Het voelde toen alsof dat het hoogste punt was dat je kon bereiken als healer en ik had het gevoel dat ik daar nog lang niet klaar voor was.

Carolina geeft me nu het boek van de Britse sjamaan Ya'acov Darling Khan[22] ter inspiratie. Ik begin het boek te lezen en voel me een beetje overweldigd door wat er allemaal bij komt kijken om het sjamanistische pad te bewandelen. Hoe in hemelsnaam kan ik dat pad nu bewandelen als moeder van twee kleine kinderen?

Ik blijf verder zoeken. Ik stuit op oude sjamanistische bijeenkomsten georganiseerd in Nederland met gastsjamanen van over de hele wereld. Dat moet geweldig zijn geweest. En nu zitten we midden in lockdowns. Voorlopig zullen er geen sjamanen naar Nederland reizen en zullen er geen

---

[21] De Nederlandse vertaling van dit boek is onlangs verschenen: Francis Weller (2021) *De diepe wateren van verdriet: Rituelen van vernieuwing en de kunst van het rouwen.* Succesboeken.nl.
[22] Ya'acov Darling Khan (2017) *Jaguar in the Body, Butterfly in the Heart: The Real-Life Initiation of an Everyday Shaman.* Hay House.

Shamanic Teaching Festivals worden georganiseerd, besef ik. *Tot welk sjamanisme en welke sjamaan moet ik me nu wenden?*

Mijn eerste onderzoek laat me inzien hoe sjamanistische rituelen en traditions zijn geïntegreerd in de Turkse cultuur. Ik krijg een flashback naar mijn eerste geschiedenisles op de basisschool, die nog steeds diep in mijn geheugen gegrift staat, over de Centraal-Aziatische oorsprong van de geschiedenis.

Ik voel de roeping om dicht bij mijn oorsprong te blijven, bij mijn Turkse en Centraal-Aziatische wortels. Ik kies voor Siberisch sjamanisme en ik wil de lessen graag live volgen. Ik wil sjamanisme eerst fysiek ervaren. Deze zoektocht leidt me naar het *Institute of Siberian Shamanism* in Nederland.

SEPTEMBER 2021,
Rotterdam (NL)

Op mijn Facebook-tijdlijn zie ik de oproep voor de jaaropleiding van het *Institute of Siberian Shamanism* verschijnen. Ze kondigen aan dat ze dit jaar hun opleidingsdagen ook op de vrijdagen aanbieden. Vrijdag is de vrije dag van mijn man, dus besluit ik mijn droom niet langer uit te stellen en met mijn sjamanistische opleiding te beginnen, ondanks het feit dat dit voor mij financieel gezien geen ideaal moment is voor deze investering.

Ik neem contact op met de lerares en we plannen een online afspraak. Ik ben diep geraakt door deze eerste ontmoeting met Petra (Altaiskaya Byelka), vooral door de boodschappen van de Spirit die ze tijdens dit gesprek met me deelt:

Spirit is heel duidelijk aanwezig op jouw pad. Spirit zegt "Je hebt kwaliteiten hierin. Je bent gevoelig." Maar het is een soort aangeboren iets al bij jou. Het was al open toen je geboren was. Je hebt niet per se alles moeten afstoffen of kanaaltjes moeten openen. Het was open en het is open gebleven. Er zijn dingen die nog meer open kunnen, maar dat is een voordeel voor jou.

Wauw! Ik krijg overal kippenvel als ik dit hoor. Ik ben dankbaar dat ik met deze gaven geboren ben en het onderweg niet ben kwijt geraakt.

Als ik vraag wat de opleiding voor jou kan doen, voor het persoonlijke gebied, voor jouw persoonlijkheid, voor je groei, het zou je helpen met je zelfvertrouwen en harmonie. En ook om je Turkse achtergrond te verbinden met jouw gewoon zijn, met wie je bent – de dingen die je daar vanuit huis hebt meegekregen, rituelen of ervaringen, dat je dat kan verbinden en dat het gewoon samenvalt en dat het niet apart allemaal is maar één groot geheel.

Als ik vraag wat je kan leren voor je spirituele ontwikkeling of wat je al bij je hebt, in ieder geval zegt Spirit: "Je zal heel goed begrijpen, ook een aantal dingen die je al automatisch doet. Doordat de dingen die je automatisch doet, werken met vrouwen bijvoorbeeld voor geboorte enzovoorts, doordat je meer begrip krijgt, meer een gevoel van "Oh maar dit doe ik eigenlijk al!" is het ook veel makkelijker om dat te vormen, want je hebt al iets en als je dat begrijpt, geeft dat jouw ook zelfvertrouwen."

Spirit zegt, "Je kan heel goed focussen op mensen en je hart openen voor iemand. Dat doe je al en je blijft bij iemand en dat is iets wat je kan gebruiken, dat je al meeneemt als je op sjamanistische wijze een healing gaat doen, hier of waar dan ook, want dat kan je dan ook toepassen. En spirit zegt "Verdiepen, verdiepen en uitbreiden – leren werken met spirit helpers, meer energieën toevoegen en inzetten, het zei voor jou of het zei voor je kids, het zei voor de vrouwen. Spirit zegt ook "Het mag ook voor jezelf." Je mag ook voor jezelf vragen, zelfzorgzaamheid, niet alleen maar voor anderen. Rituelen, Spirit zegt, "Je zult je daar heel comfortabel in voelen. Daar valt veel in te leren, hoe doe je het, hoeveel verschillen zijn er, hoe meng je dat... Spirit laat me zien dat je hart open gaat en je je daar echt goed in voelt, dat je verder verruimen en verdiepen kan.

Met deze fantastische introductie tot de wereld van de spirits voel ik me vereerd, klaar en enthousiast om aan mijn eerste sjamanistische opleiding te beginnen. Deze boodschap is een belangrijke bevestiging dat dit mijn pad is en dat de wereld van sjamanisme me in staat zal stellen terug te keren naar mijn oorsprong. Het geeft me het gevoel dat ik niet helemaal van nul begin. Ik kom gewoon voorgoed terug naar huis.

SEPTEMBER 2021,
Etten-Leur (NL)

De eerste dag van de sjamanistische opleiding. We gaan in trance om ons krachtdier te ontmoeten. Is het zó makkelijk of ben ik alleen maar 'aan het dromen'?

De lerares merkt mijn twijfel op, komt naar me toe en zegt: "Vertrouw op wat je ziet."

Als dit klopt, is reizen naar de droomwereld voor mij echt een tweede natuur. Ik sluit mijn ogen en ik ben in trance. Zomaar. Ik moet maar eens eerst deze natuurlijke gave laten bezinken.

OKTOBER 2021,
Etten-Leur (NL)

Tijdens het kennismakingsgesprek deelt onze lerares ook welk spiritueel dier aan haar is verschenen als mijn krachtdier. Ik ben behoorlijk verrast dat ik de

hagedis kreeg. Dit is niet bepaald een dier waarmee ik me ooit verbonden heb gevoeld. Maar naarmate ik meer over hagedissen lees en contact maak met hun energie, begin ik hun bijzondere energie te voelen en geniet ik ervan om met dit dier te werken.

In de volgende lesdag vertelt onze lerares dat het handig is om een deel van je krachtdier te gebruiken als extra ondersteuning tijdens healings. En op dat moment krijg ik een flashback naar de zomervakantie in het zomerhuis van mijn ouders buiten Istanbul, waar ik een onthoofde hagedis op het terras bij de tuin had gevonden. Hij trok mijn aandacht, maar ik had hem laten liggen.

Had de hagedis zich al aan mij gepresenteerd als een spirituele gids? En had ik hem daar gewoon laten liggen?! Ik had nu spijt van mijn keuze, maar het was te laat. Toch helpt de herinnering aan de hagedis me om me nog meer verbonden te voelen met dit bijzondere krachtdier.

JANUARI 2022,
Rotterdam (NL)

Mijn sjamanendrum is aangekomen. Toen ik mijn drum in de dromenwereld visualiseerde, zag ik een Turkse hemelsblauwe spiraal erop getekend. Een Turkse sjamaan heeft hem vervolgens voor mij gebouwd van geitenhuid en beukenhout en gedroogd in de Turkse zon. Een stukje thuis dat ik veilig in zijn hoes heb meegenomen naar Nederland.

Met mijn drum in mijn handen zoek ik op YouTube naar een instructiefilmpje over hoe je contact maakt met de geest van je drum en hoe je haar begroet en zegent voordat je haar voor de eerste keer gebruikt.

De informatie die ik zoek, vind ik op de YouTube-pagina van de Siberische sjamaan Ahamkara. Wauw, wat een liefdevolle, positieve energie!

Ik kijk verder en zie dat Ahamkara een online sjamanistisch healer opleiding aanbiedt. Deze voeg ik gelijk toe aan mijn verlanglijstje. In de tussentijd begin ik de online lessen te volgen die hij regelmatig deelt.

En het valt me meteen op dat Ahamkara vaak een blauw shirt met een spiraal erop draagt.

APRIL 2022,
Rotterdam (NL)

Ahamkara is in Nederland. Ik zoek alle georganiseerde evenementen en locaties op. Ik ben erg geïnteresseerd in zijn eendaagse cursus orgaanmassage. Of moet ik naar hem toe gaan voor een healing? In ieder geval voel ik dat ik hem persoonlijk moet ontmoeten.

Uiteindelijk spreken we af voor een online ontmoeting tijdens zijn verblijf in Drenthe. Ik vraag hem om begeleiding op mijn sjamanistische pad. Hij laat de keuze aan mij over hoe ik mijn sjamanistische pad wil bewandelen en adviseert me om alvast te oefenen met wat ik al geleerd heb door healings aan te bieden.

En hij concludeert ons gesprek met: "Je kunt altijd contact met me opnemen voor vragen of advies."

Na deze ontmoeting weet ik meteen dat hij de leraar is die ik zoek. Ik ga er vanuit dat ik hem in het echt zal ontmoeten, zonder me te realiseren op dat moment dat het nog jaren kan gaan duren.

Om te beginnen schrijf ik me in voor Ahamkara's vijfdaagse online training *Shamanism for Beginners*. De vijf rituelen tijdens deze training spreken mijn droomlichaam diep aan. Ik wil absoluut meer van hem leren en ik weet dat het slechts een kwestie van tijd is.

MAART 2024,
Luxwoude (NL)

Na het afronden van Ahamkara's online cursus orgaanmassage in 2023, richt ik me op het ontwikkelen van mijn ondernemersvaardigheden. Ik volg een aantal marketingcursussen om een frisse start te kunnen maken in Friesland. Ik moet praktisch mijn netwerk en algoritme van mijn website vanaf nul opbouwen. Maar na zes maanden alle tips en trucs toepassen, zie ik nog steeds geen tastbare resultaten.

Wat moet ik nú nog gaan doen? Waarom lukt het me niet? Ik voel me verslagen. Dan herinner ik me ineens een verhaal dat Ahamkara vertelde over zijn eigen pad tijdens een lezing: de zakelijke initiatieven die niet gerelateerd waren aan zijn sjamanistische pad liepen niet goed af, terwijl al zijn initiatieven die hieraan verbonden waren, gemakkelijk vorderden.

Wat als dit een teken is dat het nu tijd is om de volgende stap op mijn sjamanistische pad te zetten en eindelijk Ahamkara's jaaropleiding te volgen? Ik weet dat zijn nieuwe jaaropleidingsgroep al eind februari gestart is. Ik heb al een paar lessen gemist, maar er is een grotere hindernis: ik heb nog steeds niet genoeg geld verdiend om de opleiding te kunnen financieren.

Het moment van de waarheid: ik moet Ahamkara om hulp vragen. Maar hoe?

Ik bel mijn vriendin Marite. Ze stelt voor dat ik hem een dienst aanbied in ruil voor de training en voegt eraan toe: "Kijk eens goed naar je cv! Waar ben je goed in? Wat zou je voor hem willen doen?"

En op dat moment krijg ik een wild idee: Wat als ik Ahamkara help een boek te schrijven over sjamanisme en zijn sjamanistische pad?

Nadat ik heb opgehangen, stuur ik hem een e-mail waarin ik mijn situatie uitleg en mijn idee presenteer om zijn online opleiding te volgen in ruil voor hulp bij zijn werk, zijn trainingen, zijn administratie, óf: het schrijven van een boek over sjamanisme en zijn leven. Ik klik op de verzendknop en ga een wandeling maken in het bos vlakbij ons huis.

Magie volgt snel. Eerst kom ik een roedel van vijf herten tegen in het veld vlakbij het bos. Het is niet de eerste keer dat ik hier herten zie, maar wel de eerste keer dat ik er víjf bij elkaar zie. Ik keer betoverd terug naar huis en ga op zoek naar de betekenis van het tegenkomen van vijf herten. Ik vind het volgende:

> Wanneer we vijf herten zien, kan dat een teken zijn dat we worden geleid naar ons levensdoel, onze passie of ons spirituele pad. Het is een herinnering om te vertrouwen op het plan van het universum en erop te geloven dat alles in ons voordeel werkt.

De vijf herten kondigen het goede nieuws aan, dat op het punt staat te komen. Kort daarna ontvang ik het antwoord van Ahamkara: "Het boek is een interessant idee. Laten we elkaar ontmoeten en erover praten."

We wisselen wat berichten uit en het idee voor het boek begint al vorm te krijgen. Ahamkara zegt "Ja" en vindt het ook een goed plan dat ik meteen meedoe aan de jaaropleiding, wat me ook zal helpen bij het schrijven van het boek.

Dit overtreft al mijn verwachtingen! Het voelt alsof al mijn levenspaden samenkomen; alsof ik eindelijk de vruchten kan plukken van al die jaren van studeren, leren, schrijven en helen. Het is nu tijd om te stralen!

Zodra ik met de opleiding begin, ben ik onder de indruk van de diepgang van Ahamkara's training. Bij elke les leer ik de spirits door te voelen en met de spirits te leven als het ware. Zo worden sjamanistische leefwijze en rituelen langzamerhand een onderdeel van mijn leven.

En bovenop al deze wijsheid heb ik nu ook nog eens regelmatig contact met Ahamkara voor het schrijven van ons boek. Ik voel me werkelijk gezegend.

JE LOTSBESTEMMING VERVULLEN & SJAMANISTISCHE WIJSHEID DELEN

Wanneer je het sjamanistische pad bewandelt, is het de bedoeling om te groeien en te leren zelf de verantwoordelijkheid te nemen. Als de leraar je afhankelijk van hen houdt, blijf je voor altijd een leerling en reis je van training naar training als een 'spirituele toerist'.

Op een gegeven moment móét je als leerling uit deze rol stappen, zelf de antwoorden zien te vinden en je eigen verantwoordelijkheid nemen. Een leerling mag niet vastzitten aan de energie van de leraar. Het doel van een sjamanistische opleiding is om leerlingen te leren zélf leraar te worden.

Ahamkara's grootste uitdaging als healer was zelftwijfel. Dit gevoel had hij zijn hele leven al. Hij twijfelde er sterk aan of hij de vragen van mensen zou kunnen beantwoorden of mensen zou kunnen helpen met zijn healings.

In het begin maakt hij zich bovendien grote zorgen over hoe mensen hem als sjamaan zullen zien. Later raakt hij bezorgd over hoe hij rituelen in het openbaar zou moeten uitvoeren. Het duurt meerdere jaren voordat hij al zijn onzekerheden overwint. Het is echt moeilijk en beangstigend, maar hij blijft oefenen en bevrijdt zich geleidelijk van deze angsten.

Nadat Ahamkara zijn studie bij zijn leraar in de Altaj heeft afgerond, begint hij mensen te behandelen en hen te helpen bij het oplossen van diverse problemen. Zodra hij als healer aan de slag gaat, beseft hij bijna meteen dat het niet genoeg is om mensen alleen maar te behandelen en te genezen. Hij moet zijn kennis met hen delen over hoe gezondheidsproblemen ontstaan en hoe ze die kunnen voorkomen.

Zijn motivatie om mensen iets te leren, brengt hem ertoe seminars te gaan geven. Aanvankelijk zijn dit korte lessen van één tot twee dagen, gericht op slechts enkele onderwerpen. Deze seminars groeien uiteindelijk uit tot een training van een heel jaar.

Op 27-jarige leeftijd reist Ahamkara voor het eerst naar Europa en organiseert daar zijn eerste trainingsseminar. Het is in Parijs en hij spreekt geen Frans. Hij regelt een vertaler, doet een aankondiging en de eerste groep komt bijeen. Hij is erg nerveus, maar alles verloopt goed en de deelnemers zijn tevreden.

Zo begint hij met het geven van seminars in Europa en zijn eerste studenten vragen of ze een diepere en langere training in het Altaj sjamanisme kunnen volgen. Zo begint hij na te denken over een groot jaarlijks sjamanistisch trainingsprogramma.

In die tijd was online onderwijs nog niet zo populair. Hij ontmoette studenten zeven keer per jaar persoonlijk en elke bijeenkomst duurde twee dagen. Tijdens deze dagen deelde hij zijn kennis en beantwoordde hij vragen en tussen de bijeenkomsten door maakten de studenten veel huiswerk.

Hij geeft vijftien jaar les op deze manier, terwijl hij zijn lesmethoden voortdurend verbetert en verfijnt. Honderden studenten volgen zijn sjamanistische trainingsprogramma. De meeste studenten komen in de eerste instantie om hun eigen problemen op te lossen en na de training beginnen ze ook anderen te helpen.

Tijdens deze seminars in Europa vragen veel mensen naar het jaarprogramma, maar ze hebben vaak niet de mogelijkheid om Ahamkara's lessen bij te wonen. Inmiddels begint online onderwijs zich langzamerhand te ontwikkelen en hij is al aan het nadenken over hoe hij zijn training online zou kunnen aanbieden.

Het ontwikkelen van online onderwijs is een zeer lastige opgave voor hem, omdat het een compleet andere manier van trainen is. Het heeft zijn voor- en nadelen. In 2019 lanceert Ahamkara het eerste deel van zijn online trainingsprogramma en nodigt hij iedereen uit die ooit de wens heeft geuit om bij hem te studeren, maar niet de mogelijkheid heeft gehad om deel te nemen aan zijn trainingen.

De eerste online groep studenten is erg hecht. Ze communiceren veel met elkaar tijdens de training en blijven contact houden na afloop van het jaarprogramma. Veel studenten zijn vrienden geworden en spreken elkaar nog steeds af.

De resultaten van het eerste deel van de online training zijn zeer inspirerend. Veel studenten geven positieve feedback en geven aan dat hun leven in dat jaar van sjamanistische training enorm is veranderd.

Als de wereldwijde pandemie begint, lijkt het alsof de omstandigheden in de wereld onoverkomelijk zijn. Iedereen laat zijn reisplannen en plannen voor massa-evenementen varen. Aanvankelijk bezweek ook Ahamkara aan deze wereldwijde spanning en somberheid. Al snel beseft hij echter dat hij zijn doelen moe*st nastreven en moet vertrouwen op zijn kracht, de spirits en de wereld.

Hij besluit toch te reizen, komt aan bij de grens en weet niet of ze hem zullen doorlaten. Die dag wordt hij niet doorgelaten. Twee dagen later probeert hij het opnieuw en dit keer wordt hij wél doorgelaten. Hij weigert zich door de omstandigheden te laten tegenhouden en loopt door op zijn sjamanistische pad.

Ahamkara voelt dat sjamanisme zijn lotsbestemming is, dat hij dit pad móést volgen. Terugkijkend begrijpt hij nu dat de spirits hem zijn hele leven naar dit punt hebben geleid. Wanneer hij iets anders deed dan sjamanisme, ervoer hij geen vreugde en vaak werden zijn ondernemingen door de spirits onderuitgehaald. Daarentegen verliep alles wat hij ondernam en dat met sjamanisme te maken had, juist heel goed en met gemak.

Hij voelt veel voldoening wanneer hij ziet dat mensen hun problemen oplossen en hun leven verbeteren. Opmerkelijk is dat de studenten die met de grootste problemen in hun leven naar hem toe kwamen en erin slaagden deze problemen op te lossen, vervolgens zelf sterke healers werden. Hun eigen negatieve ervaringen, samen met hun ervaring met genezing met behulp van sjamanisme, hielpen hen om hun eigen cliënten met soortgelijke problemen beter te begrijpen en te helpen.

Germaines grootste hindernis op haar sjamanistische pad was het accepteren van haar gaven als healer en leren om te werken met die gaven, in plaats van erdoor overweldigd te worden. Leren van en intensief samenwerken met Ahamkara hielp haar eerst zichzelf te genezen en daarna haar pad als healer te volgen.

Voordat ze op de GGZ terechtkwam, wilde ze zelfs niets meer aanraken, omdat ze constant boodschappen van de geesten hoorde – van bloemen, van eten, van stenen.

Haar tong was ook constant in trance. Hij gaf de hele dag door onophoudelijk boodschappen door. Ze moest haar tong omarmen als een van haar gaven als healer. Ahamkara begeleidde haar bij het gebruik van haar tong en ze accepteerde het uiteindelijk als haar talent. Haar tong is als het ware verbonden met het universum.

Germaine hoort veel geesten om zich heen die tegen haar praten. Ahamkara leert haar eerst hoe ze de geesten van overleden mensen naar het licht kan brengen. Ze leert ook hoe ze haar trance onder controle kan krijgen. Ahamkara is de eerste persoon die haar echt helpt met al deze problemen. Ze vertrouwt hem meteen omdat ze voelt dat hij puur is.

Ahamkara herkent haar gave onmiddellijk en behandelt haar als een sjamaan en niet als iemand met een psychische aandoening. Hij weet dat veel mensen in psychiatrische ziekenhuizen begaafd zijn, maar dat artsen niet weten hoe ze daarmee om moeten gaan, omdat niemand hen dat heeft geleerd. Vaak weten medische hulpverleners niets van sjamanisme. Onbewust onderdrukken ze, door psychiatrische medicatie voor te schrijven, de sjamanistische gaven en de verbinding met de spirituele wereld van mensen.

Voor sjamanen zoals Germaine is de scheiding tussen de droomwereld en de materiële wereld minimaal. Germaines verbinding met de droomwereld is zo sterk dat de grens tussen de twee werelden voor haar flinterdun is. Wanneer je een zo'n gave hebt, is het lastig als je de droomwereld als de materiële wereld beschouwt. Als je niet de kracht hebt om je gave te beheersen, kan die gave je ook vernietigen.

De volgende taak was om Germaine te leren vertrouwen op wat de geestenwereld van haar verlangt. Zodra ze haar sjamanistische pad accepteert, begint ze midden in de nacht plaatsnamen te horen, zoals Jaffa (Israël) en Petra (Jordanië). Ze heeft visioenen van haar vorige levens op die plekken. In een van haar visioenen van Petra wordt ze geleid door een vrouw in zwarte kleding, die een vuur maakt en haar inwijdt in haar nieuwe pad als healer.

Ze heeft ook visioenen van Findhorn (Schotland). Ze beseft dat ze daar in een vorig leven als druïde/heks heeft geleefd. Door contact te maken met haar vorige leven in Findhorn, komt alle magie en wijsheid van deze plek naar boven. Ze komt in contact met de elfen, gnomen en nimfen.

Naast de positieve, krachtige herinneringen aan vorige levens, ervaart Germaine ook dat ze wordt belemmerd door trauma's uit vorige levens. Ze zegt eens tegen Ahamkara: "Ik kan dit werk niet doen, want ik zal voor de rechter gebracht worden." Dit is in feite slechts een visioen uit een vorig leven, maar ze is zo bang dat ze de behoefte voelt om een officiële opleiding te volgen om veilig als healer te kunnen werken.

Om te beginnen wil ze orgaanmassage leren, omdat ze beseft dat de organen tot haar spreken tijdens het uitvoeren van healings. Ze volgt een opleiding van drie jaar in Rotterdam en behaalt haar diploma in orgaanmassage. Daarnaast voltooit ze de jaarlijkse opleiding tot sjamanistisch healer bij Ahamkara. Dit alles om de bevestiging te krijgen die ze nodig heeft, zodat ze haar kracht kan omarmen en haar talenten en gaven als healer kan delen.

Wanneer ze uiteindelijk als gezin het café verlaten en in een huis met een tuin gaan wonen, heeft ze ook een stal met ezels, waarnaast ze haar healingpraktijk, Stalletje de Merk, opzet. Ze combineert sjamanistische healings met orgaanmassage en haar praktijk groeit dankzij mond-tot-mondreclame.

Omdat Germaine ook een medium is, brengt ze haar cliënten in contact met hun overleden dierbaren. Er is één geval dat ze nooit zal vergeten: de ouders van een overleden meisje genaamd Marley. Na Marley's dood scheiden haar ouders en raken ze de weg kwijt in het leven. Haar vader krijgt een burn-out; hij kan niet meer werken en verliest zijn levenslust. Diep van binnen voelt hij zich schuldig dat hij er niet genoeg voor Marley is geweest. Marley had kanker. Tijdens haar verblijf in het kinderziekenhuis was ze erg sterk, maar helaas overleed ze.

Na haar dood was het eerst Marley's vader die Germaine om hulp vroeg. Haar moeder volgde al snel. Marley had zeer sterke boodschappen voor haar ouders, over haar ziekte, maar ook over hun relatie. De boodschappen die Germaine van de kleine Marley ontving, waren zo krachtig dat ze de ouders hielpen hun kracht terug te vinden om verder te gaan met hun leven en hun levensenergie te herstellen.

Germaine vindt het fijn om mensen te kunnen helpen met haar gave. Voor haar is het bovenal een manier om de liefde te verspreiden van de geesten die ze overal om zich heen ziet, hoort en voelt.

Ik ben nog steeds onderweg op mijn sjamanistische pad. Ik kies steeds meer voor mijn spirituele missie. Ik leer de daad bij het woord te voegen.

Het is soms makkelijker gezegd dan gedaan. Vaak is het ook een kwestie van mijn eigen barrières, en schaduwkanten overwinnen. Na jarenlang op pad geweest te zijn valt er altijd meer te helen.

Inmiddels heb ik het gevoel dat ik de nodige kennis heb om anderen te helpen, maar toch is er nog iets dat me ervan weerhoudt om als healer naar voren te stappen. Misschien is dat niet eens nodig, want soms helen we al met een simpel woord, met een alledaags gesprek, met een liefdevolle daad.

Heb ik altijd een drum of een ritueel nodig om mensen te kunnen helen? Of gaat het meer om volledig aanwezig zijn, voelen, zien en hulp aanbieden?

Wat ik inmiddels wel weet, is dat rituelen troost bieden en het makkelijker maken om verbinding te maken met zowel onze innerlijke wijsheid als met herinneringen aan voorouderlijke wijsheid. We hebben absoluut meer rituelen nodig. We hebben ook meer verhalen nodig. We moeten ze terugbrengen in ons dagelijks leven. En dit is voor mij het grootste geschenk geweest van Ahamkara's jaartraining.

Door zijn opleidingen heb ik geleerd om sjamanisme in mijn hele leven te verweven, in mijn levenswijze en wereldblik. Sjamanisme is en blijft een krachtige levenswijze. Het is gegrond en holistisch en het stelt mensen in staat zichzelf te helpen. Dit is immers altijd mijn missie geweest: mensen helpen de kracht in zichzelf te ontdekken.

Mijn kernmissie als healer is duidelijk. Toch heb ik soms nog steeds het gevoel dat ik de tools mis om mijn gaven gemakkelijker te delen. De flow die ik voel terwijl ik deze woorden schrijf... Ik wou dat dit zich zou uitbreiden naar alle aspecten van mijn leven.

Misschien is schrijven toch wel mijn helende gave. Misschien is het slechts een kwestie van tijd. Misschien gaat het erom te vertrouwen dat alles op zijn plaats valt wanneer de tijd rijp is. En ook om me bewust te worden van alles zoals het is, om me bewust te worden van het feit dat elke stap een opstapje is naar de volgende stap op ons sjamanistische pad. Een volgende stap die zeker op mijn verlanglijstje staat, is een reis naar Siberië.

DE GEEST van SIBERIË

Reizen naar de oorsprong, naar het thuisland van het sjamanisme, naar Siberië, om dit uitgestrekte land beginnend bij het Oeralgebergte in het westen en zich duizenden kilometers uitstrekkend tot aan de Stille Oceaan in het oosten, te beleven en in te ademen. Siberië, het immense gebied dat een onvoorstelbare hoeveelheid natuurlijke schoonheid en wonderen belichaamt.

Reizen naar de Altaj, de bakermat van beschavingen, het hart van Siberië, vol heilige kracht en vitale energie. Sinds de oudheid zijn de cultuur, tradities en het wereldbeeld van de Altaj-bevolking onlosmakelijk verbonden met de natuur en leven ze in harmonie ermee. Het is een plek waar je de natuur met heel je hart en ziel voelt en liefhebt en waar de natuur jou omarmt en ondersteunt.

In de Altaj hoor je de adem en de boodschappen van de natuur in jezelf. Het is een tempel van wijsheid, waar elke bloem en elke rivier de energie van je gedachten versterkt.

De Legende van de Altaj

In de oude tijden leefde de rijke en machtige Khan Altaj. De beste kuddes en landerijen behoorden deze Khan toe; de edelste en sterkste krijgers dienden hem. Maar Altaj beschouwde zijn mooie dochter Katun als zijn grootste rijkdom. Katun was trots en onafhankelijk. Haar jeugdige schoonheid betoverde vele helden, maar Katun schonk geen van hen een liefdevolle blik en glimlachte zelfs nooit naar iemand.

Katun hield ervan om op haar snelle paard over de steppe te rijden. Op een dag, tijdens een reis over de steppe, ontmoette ze een jongeman genaamd Biy. De jongeman was zo mooi en statig, zo behendig in het zadel, dat de trotse Katun verliefd op hem werd. Biy was ook gecharmeerd van de steppeschoonheid. Vanaf dat moment reden ze vaak samen over de steppe en ademden ze samen de geurige aroma's van de kruiden en bloemen in.

Biy was niet rijk. En Altaj mocht de jongeman niet, dus vond hij het tijd om zijn geliefde dochter uit te huwen. Hij verzamelde de rijkste en sterkste krijgers van over de hele wereld.

Katun vertelde haar vader echter dat hij vergeten was een *batyr* (dappere krijger) genaamd Biy uit te nodigen. Altaj werd woedend toen hij deze naam hoorde en kondigde aan dat hij bij zonsopgang, wanneer de zon de aarde en de hemel vanuit het oosten zou verlichten, zelf de naam van de uitverkorene voor zijn dochter zou noemen.

Katuns hart kon dit besluit van de Khan niet verdragen. Die nacht, toen Altaj in slaap viel en alle krijgers en bewakers sliepen, zadelde ze stiekem haar paard en vluchtte naar Biy.

De volgende ochtend, toen de Khan de verdwijning van zijn dochter ontdekte, riep hij zijn krijgers bijeen en zei: "Wie van jullie Katun als eerste vindt en haar terugbrengt naar de yurt van haar vader, zal haar echtgenoot worden!"

De krijgers stormden achter de dochter van de Khan aan. Maar de Khan besefte dat ze haar niet konden inhalen. Toen vervloekte hij alles in de wereld! Deze vloek begon alles om hem heen in steen te veranderen: de yurt van de Khan versteende en op de plek waar deze eens had gestaan, ontstond de berg Belukha. Ook de gelederen van de galopperende krijgers versteenden en veranderden in het Altajgebergte.

Alleen Biy en Katun werden niet getroffen door de vloek van de Khan, omdat ze van elkaar hielden en ernaar streefden zich te verenigen. Biy en Katun vervolgden samen hun weg. En op het pad dat ze bewandelden, ontstonden nieuwe rivieren: de heldere en brede Biy en de speelse, onstuimige Katun. Tot op de dag van vandaag ontmoeten en kussen de twee rivieren elkaar bij de rivier Ob.

De Roep van de berg Belukha

De Belukha-berg, het hoogste punt van het Altajgebergte, is de belangrijkste krachtplek voor de sjamanen van de Altaj. Sinds de oudheid wordt het beschouwd als een heilige plaats in Azië. Volgens de legende is het, het noordelijke Shambala – een mythisch koninkrijk dat symbool staat voor vrede en geluk. Oude legendes beweren dat de **"Navel van de Aarde"** zich op deze berg bevindt, die energetisch verbonden is met de kosmos, mensen kracht, moed en gezondheid schenkt en hen helpt nieuwe kennis te ontdekken.

Wanneer je in de Altaj bent, voel je en adem je de wijsheid en kracht van de aarde. Je gaat naar de Altaj om je te verenigen met de natuur, om ermee te verbinden en om ervan te leren. In de Altaj ben je overal omringd door spirits. Geen wonder dat hier zoveel wijsheid is ontstaan en dat het zoveel spirituele zoekers aantrekt.

Een reis naar de Altaj is een pelgrimstocht, een reis om de geest van Siberië te ontmoeten: de wijze oude man die de wijsheid van de wereld in zich draagt. Het is een reis om jezelf te ontmoeten, zowel je lichte als je donkere kanten.

ZOMER 2013,
Altaj (RUS)

Mura droomt al jaren van een reis naar de Altaj. Omdat ze een kerk hebben gekocht om er hun spiritueel centrum van te maken, hebben ze al hun spaargeld in de verbouwing geïnvesteerd. Mura's Altaj droom lijkt verder weg dan ooit, tot op een winterdag in 2012 Mura's moeder haar komt verrassen en zegt:

Je wilde altijd al naar Rusland, toch? Ik had er ook graag heen willen gaan, maar ik kan niet meer. Ik ben te ziek om te reizen. Dus, wat vind je ervan als ik je wat geld geef van de erfenis van je grootvader? Ik had het toch al apart gezet voor deze reis, dus ik wil deze reis graag voor je betalen. Hoeveel kost het?

Mura accepteert enthousiast het aanbod van haar moeder. Het voelt als een geschenk uit de hemel en opent de deur naar wat voor haar een karmische reis naar de heilige landen van de Altaj zal worden.

Wanneer Ahamkara het nieuws hoort, vraagt hij haar om hem ook tijdens deze reis te ondersteunen. Mura zal hem spiritueel bijstaan, maar ook helpen met koken, verzorgen van wonden en de sociale dynamiek binnen de groep in de gaten houden.

Wanneer de reis door Siberië begint, vervult Mura haar rol als assistente en richt ze zich op het dienen van de groep. Ze heeft nog steeds het gevoel dat Ahamkara de leraar is en zij de leerling. Dit komt wederom niet door hoe Ahamkara haar behandelt of haar laat voelen, maar eerder door haar eigen innerlijke gevoel van onzekerheid en angst om fouten te maken.

Op de derde dag, onderweg naar de Altaj in een oude bus, begint het te onweren. Terwijl Mura op zoek is naar een tent om te schuilen, hoort ze Ahamkara haar naam roepen. Haar plaats is in de bus bij hem, de buschauffeur en Ahamkara's Russisch-Nederlandse vriend Jasja, die er ook is om de groep te ondersteunen met vertalen, koken en het dragen van de voorraden.

Wanneer ze in de bus stapt en naast Ahamkara gaat zitten, voelt ze ineens de kameraadschap. Ze zitten daar noten en honing te eten en grapjes te maken. Dit is het moment waarop ze zich eindelijk verbonden en gelijkwaardig voelt met het team.

Ze realiseert zich dat dit ook één van de lessen is die ze moet leren: het idee van rang en status loslaten, het idee dat ze diep in haar opvoeding heeft geïnternaliseerd: 'De dokter en de dominee zijn de belangrijke mensen. Zij weten het, terwijl jij maar een gewoon mensje bent.'

Achteraf ziet ze dat het onweer de energie van transformatie en zegen van Tengri voor haar met zich meebracht. Vanaf dat moment kon ze tijdens deze reis meer zichzelf zijn, ondanks het feit dat ze Ahamkara nog steeds assisteerde.

Wanneer de groep tijdens de reis aankomt bij de samenvloeiing van de rivieren Katun en Biy bij de Ob, worden ze uitgenodigd om een wenstoren van stenen te bouwen: hoe groter je wens, hoe hoger je toren moet zijn. Naast haar eigen wenstoren bouwt Mura ook een toren met Ahamkara, waar hun gezamenlijke ideeën en wensen symbolisch samenkomen.

Eén van Mura's intenties met haar reis naar de Altaj is om de gezondheidsproblemen van haar familie te genezen, zoals zwakke knieën en longziekten. Tijdens de wandeling door het Altajgebergte vraagt ze Spirit om hulp elke keer wanneer haar knieën zodanig pijn doen dat ze moeite heeft om de groep bij te houden.

De reis door de Altaj voert hen van de ene heilige plek naar de andere, van heilige bronnen naar heilige bomen. Elke plek is indrukwekkend. Uiteindelijk bereiken ze het dorp Tungur, wat drum betekent in de Altaj-taal. Hier steek je de brug over en kom je op heilig gebied. Vóór de brug is het gebied nog bewoond, maar daarna wordt de magie alleen maar groter.

Om de magische wereld van de geesten te betreden moet je in Nederland met veel kracht een dik gordijn opzij trekken om er een voet doorheen te kunnen zetten. Daar, in de Altaj, is het gordijn dun, het is eerder een vitrage. Soms is de vitrage zo oud dat hij verpulvert zodra je er een voet doorheen wilt zetten.

Soms komt de magie zelfs naar je toe, of je er nu om vraagt of niet. Het is belangrijk om goed op te letten en je balans te bewaren, voor het geval de Spirit je wilt testen om te zien hoe sterk je in je schoenen staat.

Tijdens de beklimming van de berg is het koud en zwaar. Mura moet al haar kracht verzamelen, niet alleen voor zichzelf, maar ook om de groep bij elkaar te houden en door te laten gaan. Op een gegeven moment leidt zij de groep die te paard rijdt, terwijl Ahamkara de groep die wandelt begeleidt. Dan komen ze aan op een punt waar geen mobiel bereik meer is. De groep is uitgeput en heeft het koud en wil terug naar het basiskamp, maar ze moeten doorzetten. Omdat Mura Ahamkara niet kan bereiken, moet ze op haar eigen kracht vertrouwen om de groep in beweging te houden.

Het is immers een zware tocht – echt een pelgrimstocht. Je begint zo'n reis niet voor de lol. Mura is opgelucht als de hele groep de eerste gletsjer van Belukha bereikt en daar kampeert.

De volgende ochtend staat ze vroeg op om een ritueel uit te voeren om haar voorouders en haar moeder te bedanken. Dit is één van de redenen waarom ze hierheen is gekomen en zonder hun steun zou ze niet in Siberië zijn.

Ze vraagt de spirits om een teken. Tijdens haar wandeling ziet ze een hartvormige steen in het water. Ze raapt de steen op en stopt hem in haar zak. Vervolgens verzamelt ze meer stenen om een groot hart te tekenen. In het midden van het hart schrijft ze de achternaam van haar moeder. Terwijl ze dit doet, realiseert ze zich dat ze een spelfout heeft gemaakt, die ze daarna corrigeert. Ze komt er pas later achter dat haar moeder precies op hetzelfde moment ook een spelfout heeft gemaakt bij de notaris in Nederland, toen ze de documenten voor haar testament ondertekende!

Bij de gletsjer ontmoeten ze andere mensen die ook op pelgrimstocht zijn. De groep wordt hartelijk verwelkomd en wanneer Mura het drum wil opwarmen voor een ritueel, helpen ze haar graag. Ze voelt zich zo gesteund en gedragen door deze mensen die ze totaal niet kent. Een ander lid van dezelfde groep geeft Mura en hun hele groep ook stukjes versteende sneeuw cadeau, als souvenir uit de Altaj. Als Mura terugdenkt aan al deze mooie momenten, krijgt ze nog steeds tranen in de ogen.

Op de terugweg gaat de groep naar de *banya*, waar Mura van Ahamkara haar onvergetelijke berkentakkenmassage krijgt voor haar karmische heling.[23] Aan het einde van deze reis naar de Altaj ontvangt Mura ook haar sjamanistische initiatie van Ahamkara.

Op de laatste avond van de reis, voordat ze de Altaj verlaten, zegt Ahamkara: "Nu is het zover, Mura. Pak je slaapzak, warme kleren en een plastic zak om de grond te bedekken." Ze beginnen te lopen, wat een eeuwigheid lijkt te duren. Eindelijk bereiken ze een plek waar Ahamkara zegt: "Ja, dit is een goede plek." Op deze plek is er water en vier bomen om haar te beschermen. Het is hier dat ze haar initiatie ontvangt, waarbij ze belooft de gemeenschap, de mensheid, de natuur, harmonie en balans, zichzelf,

---

[23] Dit gaat over Mura's karmareiniging van het eerdere hoofdstuk 'Het reinigen van het familiekarma' op pagina 65-66.

haar omgeving, de wereld, het universum en de spirits te dienen.

Voordat Ahamkara Mura alleen achterlaat om de nacht in de natuur door te brengen, herinnert hij haar eraan dat ze altijd terug kan komen naar de groep als ze bang wordt. Dat zou alleen betekenen dat ze nog niet klaar is voor deze missie. In dat geval kan ze het altijd later nogmaals proberen.

Mura weet inmiddels dat angst altijd verbonden is aan gehechtheid. Ze gaat de nacht helemaal alleen in en moet haar angsten onder ogen zien. Ze beleeft een nacht vol wonderen. Het regent die nacht ook en ze wordt nat. Ondanks alle uitdagingen houdt ze vol en blijft ze de hele nacht daar.

Bij zonsopgang besluit ze nog even op deze plek te blijven en ervan te genieten in plaats van te lijden. Ze heeft geen horloge bij zich, dus ze is waarschijnlijk iets te lang gebleven. Na een tijdje komt Ahamkara aan, met een bezorgde blik op zijn gezicht. Hij zegt: "Godzijdank, je bent er nog!"

Daarna lopen ze samen terug naar de groep. Het blijft regenen, ook als ze rijden in de bus naar het vliegveld. De volgende ochtend, vlak voor vertrek, ontvangt Mura ook haar sjamanistische naam van Ahamkara.

Mura's verhaal is een bewijs van het lokale geloof dat degenen die de berg Belukha respecteren, alle uitdagingen onderweg zullen overwinnen en na hun reis getransformeerd zullen terugkeren. Voor Mura is de reis vol magie, kleur en lessen over het leven en het leven in de natuur. Ze voelt zich herboren en weet in haar hart dat ze ooit zal terugkeren naar de Altaj.

Ik hoor de roep van de berg Belukha. Roept hij me niet al sinds ik in 2020 eindelijk besloot mijn sjamanistische pad echt te bewandelen? Met elke stap kom ik dichter bij zijn voet. Ik weet dat ik er ooit zal zijn – op het heldergroene gras liggen, aan de prachtige bloemen ruiken, uit de ijskoude rivieren drinken en de oneindige sterren tellen in de Altaj.

Voorlopig blijft het bij YouTube voor een virtueel bezoek aan Siberië. Ik ben gefascineerd door de met sneeuw bedekte bergen, de intense kleuren, de smaragdgroene bossen, de blauwe lagunemeren, de sierlijke paarden... De lucht voelt zo fris aan, alsof je hem met je handen kunt voelen. En de leegte, het gevoel van eeuwigheid. Het is op dit soort plekken dat ik besef hoe klein ik ben in de immense oceaan van het leven en hoe overvloedig en prachtig deze planeet is waarop we leven.

Ik probeer te bevatten hoe het voelt om daar te zijn. Ik praat met mensen die deze reis hebben ondernomen, zoals Mura en mijn klasgenoot van de jaaropleiding Mathilde. Het is een reis vol ontberingen, zeggen ze – je gaat terug naar de basis en uit je comfortzone. Hoe verder je richting de Belukha-berg loopt en hoe verder je van de bewoonde wereld verwijderd raakt, hoe minder mensen je onderweg tegenkomt. Toch is iedereen die je onderweg tegenkomt op de één of andere manier op een spirituele zoektocht, op zoek naar genezing.

Ik vraag Mathilde of ze onderweg rituelen en healings hebben uitgevoerd. Ik hoor van haar dat het belangrijkste van de reis is om één te worden met de natuur en er verbinding mee te maken, volledig omringd door haar in haar puurste, ongerepte vorm.

Je gaat daar naar de rivier, zoals Germaine ooit deed en je hoort het kleine steentje in de rivier tegen je praten, dat het je smeekt om het daar te laten liggen zodat het daar genezing kan blijven brengen.

Ik begin nu al te dromen over een reis naar Siberië. Het staat nu officieel op mijn wensenlijstje. Net zoals mijn deelname aan Ahamkara's jaaropleiding ooit een kwestie van tijd was, is mijn ontmoeting met de Belukha-berg ook een kwestie van tijd.

Wat zal ik daar zoeken? Mijn oorsprong, mijn voorouders van eeuwen geleden, mijn vorige levens? Ik voel de herinneringen diep vanbinnen opkomen van hoe ik te paard door de steppen racete. Wat kon ik toen nog meer? Was ik de dochter van een sjamaan? Zal mijn lichaam zich enkele van de vaardigheden herinneren die ze me heeft geleerd?

Mura vertelt me dat de sluier tussen werelden daar dun is. Ik vind het heerlijk als de sluier dun is, net als deze laatste dagen van het jaar. Mijn pijn voelen, ermee zitten en het loslaten. Drinken van de bron van lucide dromen. Mijn intenties en wensen voor het komende jaar vaststellen.

Ik denk terug aan de momenten dat ik naar de landen van mijn voorouders reisde. Drinken van het water van de rivieren waarin zij hun tranen hebben gegoten, hun tranen van vreugde en verdriet. Voor mij schuilt de ware magie elke keer weer in het voelen en bewust zijn van deze wortels, sporen en herinneringen.

Ik denk terug aan de eerste keer dat ik in een yurt zat, tijdens mijn eerste sjamanistische training. De stilte. De rust.

Laat me slapen in een yurt, daar in het hart van Azië en de aanwijzingen ontvangen van mijn wildste dromen, terwijl het enige geluid op de achtergrond het knetterende vuur in het midden is...

Lieve Ulgen, breng me naar de Altaj, wanneer mijn vleugels sterk genoeg zijn om te vliegen en mijn sjamanistische naam te dragen.

SJAMANISTISCHE NAAM

Een **sjamanistische naam** is een speciale naam die de transformatie van een persoon kenmerkt en hun verbinding met de spirituele wereld en hun missie op aarde aanduidt. Het markeert een keerpunt in iemands leven. Deze naam is niet zomaar een titel, maar symboliseert een diepere verbinding met de spirituele wereld. Het is een sleutel tot zelfontdekking, omdat het helpt om iemands essentie, hun levenspad en de rol die zij horen te spelen te begrijpen.

Een sjamanistische naam kan worden gegeven tijdens een sjamanistische initiatie of ritueel door een ervaren sjamaan of door de spirits. Het gebeurt meestal tijdens een ceremonie wanneer de persoon in trance of een diepe meditatieve staat verkeert. Omdat een sjamanistische naam spirituele kracht en verantwoordelijkheid met zich meedraagt, moet deze met respect worden gegeven en als een heilig geschenk worden beschouwd.

Elke sjamanistische naam heeft zijn eigen doel, betekenis en symboliek, gerelateerd aan de eigenschappen, vaardigheden en taken van de persoon. Het kan verbonden zijn met een dier, een natuurkracht, een plant, een bepaalde energie of karaktereigenschap. Het weerspiegelt iets belangrijks over de persoon en het werk dat zij horen te doen.

Het verkrijgen van een sjamanistische naam is een onderdeel van persoonlijke ontdekking. Het helpt je je angsten onder ogen te zien, je sterke punten te ontdekken en je potentieel te begrijpen. Een sjamanistische naam is niet verplicht voor alle sjamanen of spirituele beoefenaars, maar voor sommigen kan het een belangrijke stap zijn in hun spirituele groei en in het helpen van anderen.

Ahamkara ontvangt zijn sjamanistische naam *Ahamkara* van zijn leraar, wat in het Nederlands 'hoog bewustzijn' of 'voorbij het ego' betekent. Hij gebruikt deze naam niet meteen. Soms kost het tijd om een nieuwe naam te accepteren en je eigen te maken, maar een nieuwe naam betekent altijd een nieuw begin, het openen van nieuwe deuren. Het vertegenwoordigt een nieuw levenspad.

Ahamkara is al enige tijd actief als healer, maar hij voelt zich nog niet zelfverzekerd genoeg om les te geven aan groepen. Hij is zelfs bang om les te geven. Voor hem wordt dit de deur die zijn sjamanistische naam opent. Nadat hij zijn sjamanistische naam Ahamkara begint te gebruiken, wordt hij leraar en groeit hij in zijn nieuwe rol.

Mura weet wat het betekent om een nieuwe start te maken door een nieuwe naam aan te nemen. Haar geboortenaam was Ruurdtje. Ze was vernoemd naar haar grootmoeder. Ze droeg haar haar zelfs altijd zoals die van haar grootmoeder en had altijd het gevoel dat ze de vrouwelijke lijn voortzette, ook wat betreft karma en de ziekten gerelateerd aan de longen.

Ze ontvangt de naam Mura in 2007, na de huwelijksceremonie die Ahamkara voor hen als echtpaar voltrok om hun huwelijksband te verversen. Pas later ontdekt ze dat dit eigenlijk de naam is van een rivier in Hongarije, een land waarmee ze zich door haar vorige levens diep verbonden voelt.

Aan het einde van haar reis naar de Altaj in 2013 wordt Mura door Ahamkara ingewijd als sjamaan. Ze ontvangt haar sjamanistische naam op het vliegveld, vlak voor vertrek. Wanneer Ahamkara in trance raakt voor haar sjamanistische naam, ontvangt hij de naam *Umai*. Hij vraagt Spirit driemaal en de naam is inderdaad 'Umai', bevestigt Spirit. Mura kan niet geloven dat ze de naam van zo'n krachtige spirit ontvangt. Ahamkara zegt: "Je mag nog wachten tot je er klaar voor bent om deze naam te gebruiken."

Een sjamanistische naam is verbonden met de spirit erachter, in Mura's geval met Moeder Umai. Omdat de naam ook een nieuwe stap in iemands ontwikkeling vertegenwoordigt, kun je hem pas gaan gebruiken wanneer je volledig voelt dat je deze naam en de betekenis ervan kunt dragen.

Hoewel Mura vereerd is door haar sjamanistische naam Umai, deze krachtige naam zorgt ervoor dat ze zich er nog jaren niet klaar voor voelt om hem te gebruiken. Ze voelt het als een grote verantwoordelijkheid om Moeder Aarde te dienen.

Soms heeft je nieuwe naam en je nieuwe levensfase tijd nodig om te rijpen. Wanneer ik Mura tijdens onze eerste ontmoeting voor dit boek vertel dat Umay "gewoon" een mooie meisjesnaam in Turkije is, komt ze een stap dichterbij het gebruiken van haar sjamanistische naam. Opeens voelt deze naam een stuk "gewoner" aan.

En terwijl we het hebben over het ontvangen van onze sjamanistische namen van Ahamkara tijdens de laatste les van onze jaartraining, krijg ik het gevoel dat zij haar naam nu ook eindelijk zal gaan gebruiken. Die dag breekt inderdaad kort daarna aan, op haar zestigste verjaardag in 2025. Mura is eindelijk klaar om te staan als de wijze vrouw, Umai.

Germaine ontvangt haar sjamanistische naam *Eagleheart* tijdens haar reis naar Siberië in 2016, waar ze ook haar sjamanendrum ontvangt. Ahamkara geeft haar de naam Eagleheart omdat de geesten zien dat Germaine een scherp zicht heeft zoals een adelaar en een heel groot hart voor alles wat leeft en gevoed moet worden met de hoogste vibratie.

Germaine wordt meteen verliefd op haar naam en begint deze te gebruiken in haar werk als healer. Ze verbindt zich met de Spirit van de Adelaar om naar de zon te vliegen. Op die momenten voelt ze zich diep verbonden met de energie van het universum en met Tengri. Het is een van de mooiste gevoelens. Zien als een adelaar opent speciale deuren voor haar: ze begint vanuit een eeuwig gevoel van liefde en bevindt zich in een magische trance die ze kan sturen. Het is alsof de adelaar haar meeneemt op een magisch avontuur in de geestenwereld.

FEBRUARI 2025,
Langezwaag (NL)

Ik ga wandelen in het bos en ervaar een wonder. Terwijl ik op zoek ben naar mijn wensboom voor mijn wensen voor de komende periode van sjamanistische dood en wedergeboorte, hoor ik een kloppend geluid: 'Klop-klop. Klop-klop.'

Het is alsof een boom me roept. Het geluid is zo helder en sterk dat ik me omdraai om te ontdekken welke boom me roept. Ik loop terug naar de berkenboom waar ik net langsliep om te horen waar dit geklop vandaan komt. Het lijkt er echt op dat het geluid van binnenuit de boom komt, bijna alsof er een dier in zit, een levend wezen in ieder geval. Ik bekijk de boom van alle kanten – er zijn geen gaten, dus het kan geen vogel zijn die in de boom nestelt. Is het een dier dat vanuit de grond omhoog gekomen is? Wat kan het in vredesnaam zijn? Geen idee!

Mijn ratio wil dit geluid verklaren, terwijl mijn ziel het gewoon wil verwelkomen als een wonder, een prachtige roep: Mijn hart zingt bij de gedachte dat een boom tegen me spreekt.

Ik film dit moment terwijl het kloppen doorgaat. Klop-klop. Een hartslag of is het het geluid van een drum?

Ik kan de boodschap van de boom niet meteen ontcijferen, dus geef ik dat toe aan de boom en neem afscheid, en dan: het kloppen stopt plotseling. Wauw! Het was dus toch een wonder!

Ik vervolg mijn wandeling en vind mijn wensboom om een wens te doen. Terwijl ik verder loop, ontdek ik voor het eerst een andere wensboom op mijn gebruikelijke pad. Een grotere wensboom waar ik met mijn rug tegenaan kan leunen en die ik met mijn andere twee handen kan aanraken – de perfecte boom voor het wensritueel. Vandaag is mijn geluksdag!

Ik kom thuis en voel de drang om mijn Telegram te checken en daar is het dan, het bericht waar ik dagen op heb gewacht: mijn sjamanistische naam.

Ik luister naar Ahamkara's spraakbericht: "Ik droomde net over je sjamanistische naam en die kwam: *Sky Mother*. Zo voel ik je sjamanistische naam. Het is verbonden met de toekomst. Dat je mensen helpt boodschappen brengen, hen verbindt met de toekomst, met de hemel."

En ineens valt alles op zijn plek – van mijn levenslange fascinatie voor astrologie tot het verhaal van de berkenboom die er al stond vanaf het begin van mijn sjamanistische pad. Mensen verbinden met hun toekomst, hen helpen hun wensen te vervullen, mijn bedrijfsnaam Birth Wish.

En dan die berkenboom die vandaag aanklopt en me roept. Ik heb nu het gevoel dat de boom misschien wel klopte op hetzelfde moment dat Ahamkara drumde tijdens zijn trancereis voor mijn sjamanistische naam. Wat een zalige dag.

Ahamkara stuurt me ook een foto van een wolk in de lucht, in de vorm van een engel, een moeder met open armen. Ik vind het prachtig! Sky Mother, die me doet denken aan de tarotreading uit 2014 die mijn pad opende om een 'moeder voor moeders' te worden.

Ik voel de kracht van deze naam en ik voel ook dat ik ernaar moet streven, om meer mezelf te worden, de visionair, de waarzegster. Maakt het eigenlijk uit hoe? Dit is wie ik ben, wie ik altijd ben geweest. Dit is mijn ziel, die me eeuwig roept.

6

DE EEUWIGE RIVIER: TENGRI

Er was een tijd dat er geen aarde was, geen hemel, maar slechts één uitgestrekte oceaan. Op een dag rees er een wit licht op in de oceaan, waaruit een stralend gouden ei ontstond. De god Tengri, de schepper van de hele wereld, sliep erin. Hij sliep heel lang, miljoenen en miljoenen jaren en toen werd hij op een dag wakker. Tengri brak de schaal van het ei en kwam eruit. Uit het bovenste deel van het ei schiep Tengri de hemel en uit het onderste deel de aarde.

Om te voorkomen dat de hemel op de aarde zou vallen en de chaos opnieuw zou heersen, plaatste Tengri een staf (de Hemelse Paal) tussen hen in. Tijd en ruimte 'draaiden' eromheen en zo werd de wereldorde gevestigd. Het punt waar de staf de hemel in gaat, is elke nacht te zien: dit is de onbeweeglijke **Poolster**, die de Turken 'de Hemelse Paal' noemen.

Nadat hij Hemel en Aarde had gescheiden, splitste Tengri zich in een man en een vrouw om nakomelingen te verwekken. Hij noemde de vrouwelijke godin Tengri Umai en vestigde haar op de top van de berg Sumeru, in de hemelse hoogten, waar het melkmeer Sutkol zich bevindt naast de Hemelse Berg. De melk van Moeder Umai is een sterrenweg, de **Melkweg**, die zich uitstrekt over de hele hemel en uitmondt in het melkmeer Sutkol.

Tengri's adem werd de wind en de wolken; zijn stem werd de donder; Tengri's rechteroog werd de zon en zijn linkeroog de maan. En met de donder en bliksem tijdens een onweersbui slaat Tengri boze geesten neer die goden en mensen belemmeren in hun leven.

TENGRI: De Spirit van het Universum

Tengri is de geest van de nachtelijke hemel, de geest van het universum, de hogere geest. De energie van Tengri is verticaal, terwijl de energieën van Umai, Ulgen en Erlik horizontaal zijn. Tengri is de schepper van de droomwereld en de materiële wereld. Alles om ons heen is door Tengri geschapen. In het sjamanisme is Tengri als God, de grote Schepper.

Alle zielen die bestaan, komen van Tengri en keren terug naar Tengri. We keren elke nacht terug naar Tengri als we slapen en na onze dood. We komen naar Tengri om te rusten en opnieuw te beginnen. Tengri geeft ons de mogelijkheid om te herstellen. De winter en de nacht zijn de tijden van Tengri.

In de wereld van Tengri bestaat er eigenlijk geen tijd. Het is een tijdloze plek. Dit is precies wat je 's nachts voelt: je voelt de tijd niet als je slaapt. Je bevindt je in de tijdloze oceaan van Tengri.

De wereld van Tengri is een immense oceaan van leegte. Tengri belichaamt de hoogste energie. Wanneer we Tengri voelen, voelen we ons ontspannen en veilig. Wanneer we verbonden zijn met Tengri, voelen we ons één met alles wat bestaat en weten we dat we deel uitmaken van dat geheel.

Het grootste geschenk van de energie van Tengri is *bewustzijn*. Het helpt onszelf te ontwikkelen tot ons volle potentieel in ons leven. Tengri geeft ons de mogelijkheid om als persoon te groeien. We verbinden ons met Tengri om naar een hogere frequentie te stijgen. Een van de belangrijkste taken van de mens is het verhogen van zijn bewustzijn. Wanneer ons bewustzijn groeit, kunnen we uiteindelijk het niveau van Tengri bereiken, maar dit is een lang proces dat vele levens vergt. Alle zielen volgen dit pad en proberen terug te keren naar Tengri.

BEWUST LEVEN & DROMEN

Ayi is een ziel die we als geschenk van Tengri ontvangen. Het wordt gesymboliseerd door het 'oog' op de sjamanistische kaart en vertegenwoordigt **bewustzijn**, het vermogen om je van iets bewust te zijn. Wanneer je 'oog' open is, betekent dit dat je bewust bent; wanneer je 'oog' gesloten is, ben je niet bewust. (Let op: dit is niet hetzelfde als het 'derde oog', dat verwijst naar je vermogen om in trance te raken en contact te maken met je droomlichaam!)

Bewust leven vormt de kern van het sjamanistische leven. Het is een manier van leven, een manier van zijn, van bij jezelf zijn, van aanwezig zijn in het leven. Sjamanistisch leven is een kunst, een kunst die het waard is om te leren en elke dag te beoefenen.

Bewustzijn begint bij jezelf. Je moet je eerst bewust worden van jezelf. Als je iets doet, moet je voelen dat je het doet. We zijn niet alleen ons lichaam, maar ook onze ziel: *we zijn bewustzijn*. Wanneer je je bewust bent van je bewustzijn, betekent dit dat je jezelf observeert. En wanneer je je bewust bent van het feit dat je jezelf observeert, wórdt je bewustzijn.

Wat moet je doen om je bewust te worden van jezelf? Verdeel je aandacht in tweeën: het ene deel is bezig met iets doen en het andere deel observeert jezelf terwijl je datgene doet. Door jezelf te observeren word je bewust en alert. Je aandacht in tweeën verdelen is echter niet zo eenvoudig, het vereist meer focus en energie. Je moet jezelf hierin trainen. Beschouw dit als een training om je bewustzijn te versterken.

DECEMBER 2024,
Luxwoude (NL)

Ik luister naar Ahamkara's les over Ayi, het oog, het bewustzijn. Ik sta opnieuw versteld van het besef dat dit sjamanistische concept diep geworteld is in de Turkse cultuur. Niet alleen in het blauwe oog, dat verwerkt wordt in decoratieve voorwerpen en sieraden ter bescherming tegen het boze oog, maar ook in het concept van '*gönül gözü*', dat verwijst naar het oog van de ziel/het hart dat open of gesloten is. Ik ga mijn achtergrond steeds meer waarderen naarmate ik dieper in het sjamanisme duik.

En hoe zit het met het trainen van mijn bewustzijn? Ik kwam ooit het concept van 'jezelf observeren terwijl je dingen doet' voor het eerst tegen in Eckhart Tolle's boek *De kracht van het nu*[24] – een boek dat zeker heeft bijgedragen aan het vergroten van mijn aanwezigheid in het moment. Toen ik Tolle's boek las, leek het concept nogal vaag, maar nu ik Ahamkara het hoor uitleggen als een dagelijkse bewustzijnsoefening, realiseer ik me dat dit misschien wel iets is wat ik al automatisch doe. Ik observeer mezelf zolang ik me kan herinneren en ik heb eigenlijk niet het gevoel dat dit me extra energie kost.

Dit moet ook een gave zijn waarmee ik geboren ben en die ik nooit ben kwijtgeraakt, zoals mijn eerste lerares Petra (Altaiskaya Byelka) me ooit vertelde. Bewustwording van mijn eigen gaven is wat mijn sjamanistische pad me steeds weer brengt. Het voelt telkens weer alsof ik terugloop naar huis, naar de oorsprong van mijn eigen Oceaan.

VERBINDEN MET DE OCEAAN VAN TENGRI

De Oceaan van Tengri, de eindeloze oceaan waar al onze zielen vandaan komen. Is dit een plaats of een gevoel? Het is een plaats zonder grenzen, gevuld met oneindige liefde, mogelijkheden en wijsheid. De plaats waar we als mens naar verlangen. Ironisch genoeg voelen we dit verlangen het sterkst in tijden van lijden – wanneer het leven op aarde zo ondraaglijk wordt dat onze ziel ernaar verlangt te ontsnappen naar een

---

[24] Tolle, E. (2001) *De kracht van het Nu: gids voor spirituele verlichting*. AnkhHermes Uitgeverij.

andere wereld, naar een wereld waarvan we diep vanbinnen weten dat die bestaat. In de donkerste uren zoeken we troost in deze uiterst zachte, liefdevolle en veilige ruimte. Het is alsof de hardheid van onze materiele realiteit ons herinnert aan de wereld van onze ziel, als een warm bad.

Er is absoluut één warm bad waar we elke avond naar terugkeren: de slaap en de wereld van dromen. Zoals Shakespeare het zo treffend verwoordde in *Macbeth*:

> *Me thought I heard a voice cry, "Sleep no more!*
> *Macbeth does murder sleep"—the innocent sleep,*
> *Sleep that knits up the raveled sleave of care,*
> *The death of each day's life, sore labor's bath,*
> *Balm of hurt minds, great nature's second course,*
> *Chief nourisher in life's feast.* [25]

In Shakespeares prachtige woorden is slaap "de dood van het leven van elke dag", de "zalf voor gekwetste geesten". Slaap herstelt ons op alle niveaus; slaap ontspant ons lichaam, regenereert onze cellen en helpt ons de levenservaringen die we opdoen te verwerken.

En slaap verbindt ons met de wereld van dromen, de magische wereld waardoor we toegang krijgen tot de oneindige wereld van mogelijkheden. In dromen kunnen we vliegen, met onze vleugels wijd open. In dromen verbinden we ons met onze voorouders en ontvangen we wijsheid door middel van

---

[25] Vertaald naar hedendaagse Engels als: *"I thought I heard a voice cry, 'Sleep no more! Macbeth murders sleep.' Innocent sleep. Sleep that smooths away all our fears and worries; that puts an end to each day; that eases the aches of the day's work; and soothes hurt minds. Sleep, the main and most nourishing course in the feast of life."* https://www.litcharts.com/shakescleare/shakespeare-translations/macbeth/act-2-scene-2, geraadpleegd op 8 april 2025.

woorden en symbolen. De kunst is om ons open te stellen voor deze wereld, voor de magische wereld van Tengri.

SEPTEMBER 2022,
Rotterdam (NL)

Ik word wakker uit een levendige droom die me volledig in zijn greep houdt. Ik duik in een zwembad. Ik zwem door het helderblauwe water. Dan zie ik een haai op me afkomen. Hij opent zijn bek en ik zwem recht de bek van de haai in. In alle rust. Ik heb geen angst. Ik geef me gewoon over.

Een week na deze droom hoor ik Ahamkara praten over nachtdromen tijdens zijn wekelijkse lezing op YouTube en besluit ik voor het eerst sinds onze online ontmoeting in april contact met hem op te nemen – dit keer voor een droominterpretatie. Deze zeldzame droom over de haai is me bijgebleven, dus ik ben erg benieuwd naar wat hij erover te zeggen heeft.

Ik ben dankbaar om de volgende dag een spraakbericht van Ahamkara te ontvangen. Hij interpreteert het als een prachtige droom, die symbool staat voor het vinden van innerlijke rust in een stressvolle situatie die zich om me heen afspeelt.

Ik heb nog geen idee dat we een paar dagen later eindelijk ons droomhuis zullen kopen waar ik zo naar verlang en dat ik me midden in allerlei klusjes zal bevinden die opeens geklaard moeten worden.

De haaidroom is één van de vele levendige dromen die ik deze dromerige septembermaand heb. Ik droom veel, maar op de een of andere manier voelen al deze dromen heel anders aan. Zou het komen door het spirituele boek dat ik momenteel lees? Op een nacht droom ik zelfs dat ik door sterrenstelsels vlieg die in de kleur van de zeven chakra's zijn uitgelijnd. Wauw!

En die droom met het huisnummer van ons nieuwe huis en de hint naar de dag waarop we de sleutels zullen krijgen.[26] Die droom zal zeker de geschiedenis ingaan als een van mijn meest voorspellende dromen!

SEPTEMBER 2024,
Luxwoude (NL)

Ik word 's ochtends wakker uit een droom waarin mijn vader me vertelt dat zijn moeder, mijn laatste nog levende oma, is overleden. Ik pak meteen mijn telefoon en lees het bericht dat mijn vader heeft gestuurd: "We hebben je oma verloren."

Dit nicuws ccrst ontvangen via Tengri... Op dagen als deze voel ik me echt gezegend, gezegend voor mijn verbinding met mijn dromen, met de wereld van Tengri, met al zijn wijsheid en antwoorden.

DECEMBER 2024,
Luxwoude (NL)

In het Turks hebben we de term *'rüyaya yatmak'*, wat letterlijk vertaald kan worden als 'liggen om te dromen'. Maar zo eenvoudig is dat "liggen" niet. Het moet bewust gebeuren, met intentie en gebeden. Dit is waar ik vanaf nu vaker mee wil oefenen.

Ik ken de kracht van mijn dromen. Ik heb al sinds mijn kindertijd voorspellende dromen. En hoe vaker ik deze dromen heb, hoe beter ik word in het lezen van de verborgen symbolen erin. De volgende

---

[26] Het verhaal over deze droom werd verteld in het hoofdstuk over 'Verbinden met de hemel', op pagina 129-130.

stap voor mij is om expliciet om begeleiding te vragen en de boodschappen die ik ontvang te interpreteren.

Ik experimenteer met lucide dromen tijdens deze bijzondere periode midden in de winter, in de laatste dagen van het jaar wanneer de sluiers het dunst zijn. Ik vraag en ik ontvang. Wat ik ontvang is niet altijd wat ik verwacht. Ik focus me elke ochtend op de droom, direct nadat ik wakker word en de details nog vers in mijn geheugen zitten en maak aantekeningen.

Wat ik nu oefen met alle sjamanistische wijsheid die ik heb opgedaan, is de droom te vóélen, door de energie en de aanwezigheid van de mensen die verschijnen te voelen. Het is verhelderend. De boodschappen worden steeds duidelijker.

Het gaat echter niet elke dag zo soepel. Misschien is het een kwestie van oefening. Of misschien, zoals Ahamkara zegt: "Te veel van alles is Erlik-energie." Misschien is elke avond om advies vragen ook wel een beetje te veel!

Ik moet gewoon ontspannen, blijven observeren, begrijpen en vertrouwen op mijn dromen. Ik blijf elke avond bewust contact maken met de oceaan van Tengri, nu ik nog beter weet hoe waardevol deze tijd is.

Heilige nacht, heilige Melkweg — de toegangspoort tot de oneindige wereld van Tengri. Blijf omhoog te kijken. Voel de eeuwigheid door de sterren. Verbind je met je oneindigheid en met je kleine bestaan als een druppel in deze grote oceaan.

Ik heb enorm veel bewondering voor Germaine als persoon en als healer. Aan het einde van onze eerste ontmoeting kan ik het niet laten om haar te vragen of ze "iets over mij ziet".

"Je moet verbinden met de sterren", zegt ze. "Ik ben altijd al geïnteresseerd geweest in astrologie", antwoord ik en ik denk meteen terug aan al die nachten aan de Turkse kust, aan hoe ik vol bewondering naar de Melkweg staarde, aan hoe ik bij de sterren een wens deed om zwanger te worden van mijn beide kinderen en hoe die wensen uitkwamen. Ik geloof in de sterren!

"Wist je dat een vallende ster het logo is van mijn bedrijf Birth Wish?" vraag ik haar enthousiast. Dan herinner ik me een trancereis over de essentie van mijn bedrijf. De Melkweg, daar was hij weer, die me eraan herinnerde dat ik op de goede weg was. Het is zo bijzonder, of zoals Germaine zingend zou zeggen: *"It's a kind of magic!"* Hoe meer ik naar tekens zoek, hoe meer synchroniciteiten ik vind.

DECEMBER 2024,
Assen (NL)

"Je moet verbinden met de sterren", herhaalt Germaine. "Ik ben altijd al geïnteresseerd geweest in astrologie", herhaal ik.

"Maar ik bedoel een diepere verbinding. Kijk naar de sterren; maak contact met ze; werk met ze samen", legt ze uit. Ik noteer!

Dan begint de healing. Wanneer Germaine zegt dat de geest van mijn betovergrootmoeder zich bij ons heeft gevoegd, herinner ik me meteen dat ze de energie van Tengri had toen ik het sjamanistische ritueel uitvoerde om verbinding te maken met de energieën van onze voorouders.

Men zegt dat iedereen geboren wordt met een missie, een levensthema, dat in hun naam besloten ligt. Ik besef nu ook dat haar naam Tevhide verwijst naar de enige ware God, naar verbinding en eenheid. Ik blijf me verbazen over alle tekens en magie van het universum, die als kleine sterretjes om me heen verspreid liggen, geduldig wachtend om opgemerkt te worden.

Na de healing zegt Germaine dat ze twee sterren op mijn ogen heeft geplaatst. Ik voel inderdaad dat mijn energie is veranderd. Ik voel nu een sterkere drang om contact te maken met Tengri.

Geen toeval dat ik de laatste tijd al naar Altaj keelzang was gaan luisteren. Nu voel ik een nieuw verlangen om deze vaardigheid zelf te leren, om contact te maken met deze oeroude, heilige klanken die diep van binnenuit komen.

Ik vraag Ahamkara wanneer we de lessen in keelzang zullen ontvangen. Op mijn verzoek zet hij ze meteen op mijn online leerplatform en begin ik te oefenen met mijn zoon. Mijn keel, die de laatste tijd geblokkeerd aanvoelde, voelt na de eerste oefening al veel opener aan.

En ik begin me af te vragen: ben ik nu keelzang aan het leren of herinneren? We hebben altijd vermoed dat een deel van de voorouders van mijn vader vanuit Centraal-Azië naar Anatolië is gemigreerd. De gegevens van onze stamboom gaan niet zo ver terug dat we daar met zekerheid een antwoord op kunnen geven, maar hoe zit het met het cellulaire geheugen? Hoe zit het met de connectie met paarden in onze familie(naam)? Hoe zit het met de visioenen die ik krijg van mezelf rijdend op een paard?

Ik luister naar mijn nieuwste muzikale ontdekking, de band Altai Kai. Deze muziek... Het raakt me diep vanbinnen, op een ander niveau. Ik voel me zo nederig door deze nieuwe verbinding met de Tengri-energie via muziek.

Een week later word ik wakker na een prachtige droom. Deze keer is het mijn grootmoeder, de moeder van mijn moeder. Ze vertelt me over de sterren en het universum. Hallo synchroniciteit!

Ik zet mijn laptop aan en bekijk de nieuwste les van onze sjamanistische opleiding: de allereerste les van het laatste blok over Tengri. Hallo synchroniciteit!

Ik deel deze synchroniciteiten met Germaine. Ze is blij te horen over de tekenen die ik met haar deel en dat ze voelt dat de healing me dichter bij Tengri heeft gebracht. Ze vertelt me ook dat ze erg geniet van de jam die ik voor haar meebracht toen ik haar bezocht voor de healing, de kweepeerjam van mijn oma die ik elk jaar maak om haar sterfdag te herdenken – dezelfde oma die in mijn droom over de sterren verscheen. Hallo synchroniciteit!

De samenhang van dit alles overweldigt me en vervult me met vreugde. Het voelt alsof alles op zijn plaats valt, alsof alle puntjes met elkaar verbonden zijn.

De wereld van Tengri is anders dan de wereld van Umai, Ulgen en Erlik. In de wereld van Tengri verdwijnen beelden en gewaarwordingen. Er is alleen het besef dat jij alles bent wat bestaat en dat alles wat bestaat, jij bent. In de wereld van Tengri is er een antwoord op alle vragen. Je hoeft alleen maar te vragen om antwoorden te ontvangen.

Sjamanistisch ritueel: VRAAG AAN TENGRI

1. Zoek een vraag die echt belangrijk voor je is. De vraag moet duidelijk zijn.

2. Spreek de vraag in jezelf uit en voel de vraag als energie.

3. Draai je lichaam tegen de klok in (voel de spiraal) en stuur de vraag omhoog naar Tengri.

4. Ontspan je lichaam in stilte terwijl je op het antwoord wacht.

5. Draai je lichaam met de klok mee (voel de spiraal) en ontvang het antwoord van Tengri. Het antwoord komt in de vorm van energie.

6. Probeer het antwoord dat je ontvangt te interpreteren in de vorm van beelden of boodschappen. Het kan een paar minuten of een paar dagen duren voordat je het antwoord voor jezelf duidelijk hebt.

FEBRUARI 2025,
Luxwoude (NL)

Ik heb al eerder een paar keer met het 'Vraag aan Tengri'-ritueel gewerkt. De allereerste keer was toen ik vroeg of ik deel moest nemen aan de cursus orgaanmassage, omdat ik twijfelde of het het juiste moment was voor de training. En ik was ook bang, het soort angst dat je voelt voordat je aan iets nieuws en belangrijks begint. Het antwoord was in 2023 luid en duidelijk 'Ja!'. Dus ik heb geluisterd en ben eeuwig dankbaar dat ik die stap toen heb gezet in plaats van het uit te stellen.

En hier ben ik dan, in 2025, op het punt een stap te zetten die ik de afgelopen twee jaar heb uitgesteld: een auto kopen. Ik maak me meer zorgen over de extra kosten die het bezitten van de auto met zich meebrengt dan de prijs van de auto zelf. Uiteindelijk besluit ik ervoor te gaan, nadat mijn vader zijn erfenis van mijn grootmoeder ontvangt en erop staat mij wat geld te schenken om een auto te kopen.

Ik accepteer dit geschenk en vertrouw erop dat deze nieuwe stap niet alleen nieuwe kosten, maar ook nieuwe kansen met zich zal meebrengen. Zodra ik deze beslissing neem, volgt de rest vanzelf. Ik maak een proefrit bij de autodealer in ons dorp. Ik vertrouw de dealer en zijn advies, maar op de een of andere manier heb ik niet het gevoel dat dít mijn auto is. Er zijn een paar technische punten (het is tenslotte een tweedehands auto), maar ik heb ook een onverklaarbaar onderbuikgevoel dat me aanraadt de aankoop nog even uit te stellen.

Als wc thuiskomen van de autodealer, gebruik ik de pendel en die geeft me steeds twijfelachtige antwoorden op mijn vragen over de auto, zoals 'misschien' en 'probeer het nog eens'.

De pendel geeft geen bruikbaar antwoord, dus besluit ik het 'Vraag aan Tengri'-ritueel uit te voeren om erachter te komen of ik deze auto wel of niet moet kopen. Het antwoord dat ik meteen hoor is een 'Nee', maar dan beginnen de kinderen me nieuwsgierig aan te kijken terwijl ik aan het ronddraaien ben en het ritueel wordt een beetje vertroebeld.

Ik ga naar bed met de intentie om in mijn droom een duidelijke boodschap over de auto te ontvangen. Vraag en je zult ontvangen: ik droom van vier gecrashte auto's. Dit moet toch een luid en duidelijk 'Nee' van Tengri zijn!

Ik besluit op te staan (iets vroeger dan normaal) omdat ik klaarwakker ben van deze droom. Ik ga naar de woonkamer om het 'Vraag aan Tengri' ritueel te herhalen, deze keer in de stilte van de ochtend. Ik hoor één kristalhelder antwoord van Tengri: NEE! En eindelijk concludeer ik: OK!

Mijn intuïtie is altijd sterk geweest, maar mijn grootste uitdaging in het leven is juist geweest om dat intuïtie te volgen. Keer op keer heb ik mijn ratio mijn keuzes laten leiden en mijn twijfels de overhand laten nemen. Resultaat: achteraf spijt. En hier bevind ik me weer, twijfelend ondanks al die duidelijke antwoorden. "Twijfel is ego", herinner ik me Ahamkara ooit zeggen.

Ik besluit Germaine te vragen voor advies. Ik stuur haar de link met de auto en vraag haar om haar gevoel over deze auto. Ik vertel haar ook het verhaal over mijn droom en de rituelen van de 'Vraag aan Tengri'. Ook zij heeft het gevoel dat deze auto niet helemaal klopt. Ze voelt aan dat er iets mis is met de remmen. Ze adviseert me om verder te zoeken. We bellen kort en dan nodigt ze me uit om de volgende vraag te beantwoorden: "Luister je naar het advies van Tengri of naar je ratio?"

En op dat moment besef ik dat de kern van dit verhaal mijn vergelijkbare ervaringen met twijfel en spijt weerspiegelt. Deze keer kies ik ervoor om naar Tengri te luisteren en verder te kijken naar andere opties.

De week erna probeer ik twee andere auto's bij een andere autodealer. De eerste is een nieuwere versie van de auto die ik als eerste had geprobeerd. Dit ritje maakt me ook meteen duidelijk dat de eerste auto die ik had getest technisch gezien inderdaad niet helemaal in orde was. Ik ontdek ook dat dit specifieke merk en model niet de juiste auto voor mij is nadat ik een derde auto uitprobeer.

En met deze auto voel ik meteen een 'Ja!'. Ter bevestiging voer ik nog een 'Vraag aan Tengri'-ritueel uit wanneer ik de dealer verlaat en in het park ga zitten. Het 'Ja!' komt meteen en op dat moment

schijnt de zon op mijn gezicht voordat ze een paar seconden later plaatsmaakt voor wolken.

Deze lichtstraal voelt als een sterke bevestiging dat mijn intuïtie altijd verbonden is met de wijsheid van Tengri – zolang ik mijn gedachten maar niet toesta het proces te verstoren! Deze keer geeft het 'Vraag aan Tengri'-ritueel, samen met de begeleiding van Germaine, me dit waardevolle inzicht, deze ultieme parel van wijsheid om altijd op mijn intuïtie te vertrouwen en deze vervolgens óók te volgen.

Soms hebben we alleen een duidelijk antwoord en een helpende hand nodig om eeuwenoude patronen te doorbreken en te transformeren. Op andere momenten hebben we krachtigere rituelen nodig om de transformatie tot in onze botten te voelen – een sjamanistische dood om het einde van een periode te markeren, zodat we aan een nieuwe kunnen beginnen.

SJAMANISTISCHE DOOD

Voor het sjamanisme is de dood geen negatieve of angstaanjagende ervaring, maar een proces van transformatie. De dood is een onderdeel van het leven. Elk transformatieproces dat we in ons leven doormaken, is in feite een kleine dood, omdat we bij elke verandering in ons leven afscheid nemen van het 'oude' ding, persoon of gedrag. Wanneer een baby begint te kruipen, sterft de baby die stilzit. Wanneer een baby begint te lopen, sterft de baby die kruipt.

Bij elke nieuwe deur die opengaat, sluit een oude deur. Iets ouds moet sterven om plaats te maken voor iets nieuws. Elke keer dat we uit elkaar gaan met een partner of een baan opzeggen, sterven we zelf ook een beetje, omdat het deel van ons dat aan die partner of baan verbonden was, ophoudt te bestaan. De dood is in die zin regeneratie, omdat elke dood of elk einde leidt tot een nieuw begin.

De dood is niet per se eng. Het is net als slapen. We houden van slapen omdat het ons de tijd geeft om uit te rusten en te herstellen, zodat we klaar zijn en ons fris voelen voor de nieuwe dag die aanbreekt. We zijn niet bang om elke avond te gaan slapen, maar terwijl we slapen, verdwijnen we eigenlijk uit ons ontwaakte leven en zijn we praktisch dood.

Onze uiteindelijke dood is de grootste transformatie in ons leven. Sjamanisme is gebaseerd op het geloof in reïncarnatie en het leven van vele levens. De dood is slechts het einde van ons huidige leven, maar daarna zullen we een ander leven leiden, net zoals we in het verleden al vele levens hebben geleefd. We zijn vaak bang voor onze fysieke dood omdat we ons van onze vorige levens niet herinneren en we het einde van ons leven niet kunnen voorspellen.

Tijdens ons leven kunnen we al wennen aan het idee van de dood. **Sjamanistische dood** rituelen bieden manieren om spiritueel met de dood vertrouwd te raken. Eén van de doelen van een sjamanistische dood ritueel is om meer over de dood te leren en het stervensproces onder ogen te zien, zodat we ons meer op ons gemak voelen bij het sterven. Deze rituelen bereiden ons voor op de dood, die we gedurende ons leven in vele verschillende vormen ervaren. Wanneer we ons klaar voelen voor de dood, kunnen we deze bewust verwelkomen als onderdeel van ons leven. Paradoxaal genoeg kan bewustzijn over de dood ons helpen om ten volle te leven en onze lotsbestemming voor dit leven te vervullen.

Sjamanistische dood ritueel: DE SIBERISCHE ZWEETHUTCEREMONIE 'CHADIR'

Ik ben gefascineerd door sjamanistische dood rituelen al sinds ik over sjamanisme ben gaan lezen Het is al een tijdje mijn wens en intentie om een sjamanistische dood te ervaren, omdat ik dit fysiek wil beleven door middel van een ritueel.

Als mijn opleidingsgenoot Mathilde me vertelt dat Mura sjamanistische dood rituelen aanbiedt in de Siberische traditie, weet ik meteen dat dit de perfecte gelegenheid is om me aan te melden voor een sjamanistische dood ritueel om het einde van mijn sjamanistische jaaropleiding bij Ahamkara te markeren.

Ik voel ook dat mijn tijd voor een sjamanistische dood is aangebroken. Ik zie het als een portaal waar ik doorheen moet gaan om verder te kunnen groeien op mijn sjamanistische pad. De anticipatie en opwinding van deze stap groeit in mij in de maand, weken en dagen die eraan voorafgaan...

FEBRUARI 2025,
Orvelte (NL)

De grote dag is aangebroken: het sjamanistische dood ritueel in de Siberische zweethut, de *chadir*. De ceremonie wordt geleid door twee voormalige leerlingen van Ahamkara: Kees en Mura.[27]

We zijn bijeengekomen als een groep van zes mannen en vijf vrouwen. Het is altijd magisch om te zien wie er uiteindelijk deel uitmaakt van je groep, de zielen die je pad kruisen, allemaal hun eigen weg aan het bewandelen, maar tegelijkertijd aanwezig met hun eigen unieke energie om je pad te ondersteunen.

Vandaag voel ik me dankbaar voor de sterke aanwezigheid van mannelijke energie. Na jarenlang aan mijn vrouwelijke energie te hebben gewerkt, voel ik dat het tijd is om mijn mannelijke energie weer te omarmen, zodat ik mijn lotsbestemming kan vervullen en mijn doelen met meer kracht kan manifesteren.

We beginnen de dag buiten, rond het vuur. Kees en Mura leggen uit hoe we te werk zullen gaan, wat we kunnen verwachten en hoe we ons kunnen overgeven aan de transformerende kracht van de zweethut. Na de vuurcirkel buiten gaan we naar binnen voor Mura's introductie in de wereld van de vier grote spirits van het Siberische sjamanisme: Erlik, Umai, Ulgen en Tengri.

Inmiddels heb ik tijdens mijn twee sjamanistische jaaropleidingen al kennisgemaakt met de vier grote spirits. Toch ben ik verbaasd dat de lessen in het spirituele domein nooit aanvoelen als louter herhaling. Elke sjamanistische leraar brengt deze kennis op een andere manier over en elke keer leer ik weer iets nieuws. Mijn kennis verdiept zich elke keer en ik leer de spirits beter kennen. Ik besef

---

[27] Tijdens deze ceremonie was Mura al begonnen haar sjamanistische naam Umai te gebruiken. Het was een eer om deel uit te maken van de eerste ceremonie die ze onder haar sjamanistische naam leidde. Voor de duidelijkheid en consistentie blijf ik haar in het verslag van deze zweethutceremonie, net als in de rest van dit boek, Mura noemen.

me dat dit net is als het leren kennen van een persoon: het is een oneindige bron. En zo is het ook vandaag: ik ben blij nieuwe inzichten te ontvangen en door Mura's introductie een beetje dichter bij elk van deze spirits te komen.

Vervolgens nodigt Mura ons uit om te dansen met de energieën van deze vier grote spirits, met behulp van muziek en de spirits van krachtdieren. Ik herken de elementen van de online lessen van Ahamkara en geniet er nu van om het deze keer live met de groep te oefenen. En ik vind het geweldig om Mura in actie te zien. Wat een krachtige vrouw!

We sluiten af met een intuïtieve massage met de energieën van de vier spirits. Terwijl ik ga liggen om de massage te ontvangen, beginnen er meteen nieuwe inzichten binnen te stromen. Terwijl ik boodschappen ontvang over mijn voorouders, zie ik de zonnestralen door het raam schijnen. Wauw! Ik had niet verwacht dat magie zich vandaag zo snel zou manifesteren.

Na deze voorbereidingsronde nodigt Mura ons uit om een stuk hout te pakken en een stuk touw eraan te binden voor de emotionele blokkade die we vandaag tijdens de zweethutceremonie willen loslaten en transformeren. Ik had nagedacht over waar ik vandaag inzichten over zou willen ontvangen, maar niet specifiek over wat ik zou willen loslaten. Als ik me hier op focus komt er één woord sterk in me op: terughoudendheid.

Mijn liefde terughouden, mijn daden terughouden, mijn woorden terughouden... Ja! Dit is het. Ik wil meer mezelf zijn, zonder me terug te houden. Dat is wat ik aan het stuk hout bevestig en aan het vuur voor de zweethut offer. Het vuur zal alle stukken hout verbranden terwijl we in de tent zitten en alles eruit zweten.

Ik heb een tweede offer voor het vuur: mijn oude bruine haar, de gekleurde versie voordat ik de stap had gezet om mijn natuurlijke haar terug te laten groeien toen ik 42 werd, wat op dat moment betekende dat ik mijn grijze haar zou verwelkomen in plaats van het te verbergen onder een kunstmatige bruine kleur. Deze transformatie was toen een grote stap, in de richting van het omarmen van mijn leeftijd en mijn wijsheid.

Ik had deze pluk oud haar bewaard omdat ik er destijds nog niet klaar voor was om er meteen afscheid van te nemen, maar het lag in een hoekje en is zelfs mee verhuisd naar Friesland. Uiteindelijk was dit haar niet eens meer mijn oorspronkelijke bruine haar – het was gekleurd. En waarom was ik eigenlijk ooit begonnen met het kleuren van mijn haar? Was dat niet de oude ik die meer ontvankelijk was voor maatschappelijke verwachtingen en zichzelf niet volledig omarmde? Waarom hield ik dit stukje van mijn vroegere zelf nog steeds vast in mijn nieuwe huis?

Kort voor de sjamanistische dood ritueel had Mura haar verhaal met mij gedeeld over het offeren van haar haar aan het vuur vóór haar huwelijkszegenceremonie geleid door Ahamkara, toen ze ook de naam Mura had aangenomen. Ik denk dat het offeren van mijn haar ook een mooie symbolische stap zal zijn om mijn "oude ik" achter me te laten. Dan kan ik ruimte maken voor de nieuwe ik en de overgang maken naar het gebruik van mijn sjamanistische naam, die ik slechts een paar dagen voor de ceremonie heb ontvangen.

Nadat we onze offers klaar hebben gezet, gaan we naar buiten terwijl Kees het vuur onder de stenen van de zweethut aansteekt. Terwijl de stenen opwarmen, leggen we de dekens één voor één op de zweethut. Iedereen helpt mee met het bouwen van de hut. Het is teamwerk!

De Siberische zweethut is een ronde tent. Net als een yurt is zij rond als een baarmoeder en vertegenwoordigt zij de prachtige energie van Moeder Aarde Umai. Dit Siberische, sjamanistische dood ritueel is ontworpen door Ahamkara en ik voel vandaag zeker zijn aanwezigheid – zowel in geest als via Kees en Mura. Het dringt ook tot me door dat ik nu deel uitmaak van zijn uitgebreide, wereldwijde spirituele familie.

We gooien allemaal onze offers in het vuur buiten de hut en betreden de hut één voor één, nadat we door Mura zijn gesmudged met salie. Ik kijk eigenlijk uit naar de warmte van het vuur op deze prachtige winterdag en vermoed dat ik zelfs zal genieten van dc intcnse hitte in de zweethut.

De ceremonie is verdeeld in vier delen rond de vier grote spirits: Erlik, Umai, Ulgen en Tengri. De hitte neemt af naarmate de ceremonie vordert en er wordt water op het vuur gegoten bij de laatste twee spirits.

Vanaf het moment dat de ceremonie begint, voel ik dankbaarheid voor alle mensen die vandaag rond het vuur zijn samengekomen. Terwijl de mannen in de groep oergeluiden beginnen te maken, word ik meteen teruggeworpen naar een heel ver verleden – een ver verleden waarin gemeenschappen zich rond het vuur verzamelden voor ceremonies, om zich op te warmen, om te zingen of gewoon om samen te zijn.

Hoewel ik anderen in de groep hoor en voel lijden onder de hitte van Erlik, gaat Erlik voor mij persoonlijk als van een leien dakje. Ik geniet echt van de hitte en voel dat ik klaar ben om alles los te laten wat me tegenhoudt. Als iemand die houdt van radicale transformatie en verandering, voelt Erlik als een vertrouwde vriend die me mijn hele leven heeft vergezeld en daarom is hij er vandaag ook voor me, me steunend zoals altijd. Ik omarm zijn transformerende vuur.

Na het Erlik-ritueel verlaat ik de zweethut om af te koelen, maar ook om te testen of het daadwerkelijk de kou is die me ongemak bezorgt in plaats van de hitte. De kou voelt op dit moment niet zo koud aan en is een welkome afwisseling. Na wat water te hebben gedronken, ga ik de hut weer in voor het Umai-ritueel.

Ik voel de Umai-energie veel sterker, dus het echte werk begint. Umai is hier om me te vertellen dat ik mijn persoonlijke kracht moet omarmen. Dit is wat ik tegenhoud – het delen van mijn kracht, mijn gaven. Dit is waar ik mijn eerste transformatie nodig heb.

Kees vraagt ons om contact te maken met ons krachtdier en te voelen of we een ander krachtdier nodig hebben om ons te ondersteunen. Ik dank het prachtige Hert dat me gedurende het sjamanistische jaartraining heeft geholpen en verwelkom het paard dat klaar is om me naar grotere hoogtes te brengen. De Spirit van het Paard – het krachtdier dat onze familie leidt, het dier dat verankerd is in onze achternaam. Het paard: mijn wortels. Wat een zegen om dit inzicht en deze steun te ontvangen.

Als ik na het Umai-ritueel naar buiten ga, voel ik de intense hitte die zich in mijn lichaam heeft opgebouwd. Ik ga direct op de grond liggen, deze keer zonder handdoek en laat Moeder Aarde me afkoelen.

Net voordat we teruggaan naar de zweethut, begint het te regenen. Mura is blij te zien dat we in verbinding staan met de energie van de Hemel. Ik ben nieuwsgierig om vervolgens contact te maken met de Ulgen energie. Sinds ik mijn sjamanistische naam

Sky Mother heb ontvangen, ben ik namelijk letterlijk in de wolken geweest.

Ik hoop ook dat de regen zal zorgen voor een koelere ervaring in de zweethut. Integendeel, ik begin gelijk letterlijk te branden van de Ulgen-energie! Ulgen is hier om me te vertellen dat het niet genoeg is om mijn persoonlijke kracht te omarmen en te delen! Het is nu mijn taak om te rijzen naar mijn sjamanistische naam!

Terwijl ik met de Spirit van de Adelaar door de lucht vlieg, adem ik de oneindigheid van alle mogelijkheden en de overvloed die het leven ons biedt in. Het is bijna beangstigend om te voelen dat alles waar ik van droom mogelijk is: IK KAN DIT! IK KAN DIT ALLEMAAL ONTVANGEN!

Ik droom een droom. Ik doe een wens. Ik leg die in de handen van Ulgen. En ik vertrouw gewoon dat het uitkomt.

Ondertussen brand ik nog steeds. Ik vraag Kees meerdere keren om wat water over me heen te gieten. Ik brand omdat ik de kracht van wensen ken, en toch vergeet ik soms nog steeds Ulgens hulp te vragen.

Inmiddels voel ik in mijn hele lichaam dat het vuur steeds warmer wordt, terwijl het me helpt te transformeren precies daar waar ik heling nodig heb. En voor mij is de heling nodig in de grootsheid, in de creatieve kracht die ik bezit maar niet gebruik. Ik merk dat ik nu door Ulgen ook meer geluiden maak, alsof ik mijn stem weer terugvind.

Kom maar bij Ulgen! En verlaat me alsjeblieft niet voordat ik Sky Mother ben geworden!

Terwijl ik me overgeef aan de nieuwe visioenen die in mijn droomwereld verschijnen, ben ik diep dankbaar voor de nieuwe dromen, de nieuwe wensen, de nieuwe toekomst die zich wil ontvouwen. Als het Ulgen-ritueel ten einde komt, werp ik mezelf weer uit de zweethut en laat ik me afkoelen op de aarde. Terwijl ik lig, kijk ik omhoog naar de machtige bomen om me heen en naar de hemel.

Ik kruip terug naar de zweethut voor de laatste ronde. Het is tijd voor het Tengri-ritueel. Dit is de heilige energie waarmee ik sinds december 2024 intensief werk. Terwijl ik me overgeef aan de stilte in de zweethut, realiseer ik me dat mijn verbinding met Tengri er altijd al is geweest.

In de eeuwige stilte ontmoet ik mijn voorouders: mijn oma's, overgrootmoeders en de prachtige baby's in mijn familie die zo jong zijn overleden. Ik voel hun aanwezigheid. Het is alsof ze zich verheugen over mijn nieuwe energie. Terwijl ik hier zit met deze sterke, ondersteunende vrouwelijke energie, voel ik me letterlijk en figuurlijk vurig.

Tijdens dit afsluitende Tengri-ritueel moet ik al mijn geduld en doorzettingsvermogen opbrengen om in de zweethut te blijven en niet naar buiten de kou in te rennen. Ik zit nu naast de 'deur' van de zweethut, waar het het koelst zou moeten zijn. Toch voelt het ondraaglijk heet aan. 'Alsjeblieft, is het einde in zicht? Ik kan niet meer!' schreeuwt mijn lichaam.

Dit is de ronde waarin ik echt op mijn mentale kracht moet vertrouwen om in het spel te blijven. 'Dit is wat ik moet doen om mijn lotsbestemming te vervullen! Ik kan dit!' blijf ik tegen mezelf zeggen. 'Blijf bewust; blijf in het nu; geef nu niet op!' herhaal ik tegen mezelf.

JAAAA! HET IS ME GELUKT!

Wat een magische ervaring! Ik heb boordevol nieuwe lessen, nieuwe inzichten en nieuwe energie ontvangen. Ik voel me herboren en ben klaar om een nieuw start te maken.

Ik ben dankbaar voor het sjamanistische pad dat me naar deze zweethut heeft geleid; dankbaar voor de zielen die vandaag met me mee zijn gegaan op deze reis; en ik kijk vol verwachting uit naar het licht en de kracht die deze sjamanistische dood en wedergeboorte mij zullen brengen.

Mijn eerste en belangrijkste taak: dit boek voltooien en met de wereld delen.

7

AFSLUITEN

Met dit boek namen we je mee op een reis door de wereld van de spirits, vanuit het perspectief van het Siberische sjamanisme. Door een inkijkje te geven in onze persoonlijke sjamanistische paden, wilden we aantonen dat er geen vast sjamanistisch pad bestaat. Elk spiritueel pad is uniek en wordt geleid door de ziel die het bewandelt.

Voor Ahamkara was het sjamanistische pad een vrij snelle route, hoewel hij onderweg ook uitdagingen moest overwinnen.

Ahamkara zag zijn leven al helemaal voor zich toen hij 23 jaar oud was: hij zou in een militaire fabriek werken; zijn carrière zou stap voor stap verlopen, van werknemer tot afdelingshoofd. Hij zou het appartement krijgen dat zijn bedrijf hem had beloofd, één keer per jaar naar het strand gaan met vakantie en na dertig jaar met pensioen gaan.

Toen Ahamkara zijn leraar ontmoette en diens kennis en energie zag, begon hij te beseffen dat zijn comfortabele leven hem eigenlijk verdrietig maakte. Hij overwoog een tijdje zijn opties en besloot uiteindelijk alles op te geven om naar het bergdorp van sjamaan Arzhan in de Altaj te gaan om sjamanisme met hem te studeren. Dit was de roeping van zijn ziel.

Vanaf dat moment veranderde zijn leven compleet. Een geheel nieuw hoofdstuk opende zich met totaal andere energieën, indrukken, gebeurtenissen en ervaringen. Hij werd zich bewust van een totaal ander gevoel van vrijheid om te leven zoals hij wilde. Sinds hij zijn sjamanistische pad is ingeslagen, heeft hij nooit spijt gehad van zijn beslissing om sjamaan te worden.

Voor Ahamkara is de ervaring van vrijheid één van de diepste en meest betekenisvolle aspecten van een sjamanistisch leven. Sjamanistische praktijken, zoals trancereizen en visioenen, helpen hem zich te bevrijden van de beperkingen van het dagelijks leven en de diepte van zijn eigen wezen te ervaren. Ze wekken in hem een gevoel van verbondenheid met de natuur en het universum, waardoor hij het gevoel krijgt deel uit te maken van iets groters en onbegrensds. Sjamanisme geeft hem de vrijheid om zichzelf te zijn en opent de deuren naar een wereld van magie en spirituele harmonie.

Ahamkara weet dat er veel obstakels en moeilijkheden op een sjamaan wachten, vooral op het gebied van persoonlijke ontwikkeling en spirituele groei. Er zijn verschillende bronnen van ondersteuning die helpen om deze uitdagingen te overwinnen:

* Geloof in je droom, in je sjamanistische pad en ga vastberaden verder. Als je niet kunt rennen, loop dan maar. Als je niet kunt lopen, kruip dan maar. Als je niet kunt kruipen, ga dan maar dan liggen in de richting van je doel. Zet je stappen, ook al weet je niet wat de toekomst je zal brengen.

* Zorg goed voor jezelf. Een gezond lichaam gaat hand in hand met een gezonde geest en gezonde energie. Om het onbekende tegemoet te treden, heb je kracht nodig en een gezond lichaam geeft je die extra kracht.

* Besef dat het overwinnen van uitdagingen op je sjamanistische pad je helpt om je kracht op te bouwen. Hoe meer moeilijkheden je al hebt overwonnen, hoe gemakkelijker het is om nieuwe te overwinnen. Door kleine obstakels te overwinnen, bouw je de kracht op om met grotere obstakels om te gaan. Het belangrijkste is om niet stil te staan op je ontwikkelingspad en te gaan waar je ziel je heen leidt. Dan hebben alle obstakels de potentie om je nog sterker te maken.

Wat is er veranderd in Ahamkara's leven sinds hij sjamaan is geworden?
Ten eerste is er veel meer verantwoordelijkheid in zijn leven. Als sjamaan is het zijn taak om mensen te helpen. Sjamanen moeten oprecht empathie voelen voor mensen om hen te kunnen helpen problemen op te lossen en hun leven te verbeteren.

Mensen komen naar hem toe met allerlei problemen: ziekten van de interne organen, pijn en ongemak in hun spieren, angsten, apathie, stress, problemen in hun relaties met hun geliefden... Elk verhaal is uniek.

Wanneer een sjamaan de verantwoordelijkheid aanvaardt om iemand te helpen, geven de spirits hem op hun beurt de kracht en energie die hij nodig heeft om die persoon op de juiste manier te helpen. De spirits helpen de sjamaan, zodat hij zijn cliënt kan begeleiden naar een nieuw leven.

Het leven van Ahamkara is in de loop der jaren erg druk geworden. Hij heeft contacten met meer mensen, wat ook betekent dat hij meer nieuwe emoties, ontdekkingen, indrukken en ervaringen moet verwerken. Het verhaal van elke cliënt is uniek, en elke keer voelt het alsof hij hun leven samen met hen beleeft. Na meer dan twintig jaar praktijkervaring en het helpen van honderden mensen uit Siberië, Nederland, Duitsland, Oostenrijk, Zweden, België en Zwitserland, voelt het soms alsof hij vele verschillende levens in vele landen heeft geleefd.

Het belichamen van deze bijzondere wijsheid van de wereld zorgt ervoor dat mensen hem met meer respect behandelen, omdat hij door deze groeiende ervaring met diversiteit veel meer is gaan waarnemen dan dc mensen om hem heen. Hij observeert hoe alles in de wereld werkt en herkent hoe de acties van mensen leiden tot angsten, ziekten en problemen in relaties. Dit helpt hem te begrijpen wat iemand in zijn of haar leven moet veranderen om problemen op te lossen.

Als sjamaan voelt hij de helderheid van zijn pad en is hij ervan overtuigd dat hij het leven kan leiden dat hij wenst. Tegelijkertijd leidt hij ook een volkomen gewoon leven: hij praat met zijn geliefden, gaat naar de winkel, de bioscoop of het strand en leest boeken zoals iedereen.

Hij voelt niet de behoefte om sjamaankleding te dragen of 'speciale dingen' te doen als sjamaan. Mensen voelen zijn energie en kracht al zonder al deze ritualistische elementen. Hoe langer een sjamaan beoefent als healer, hoe hoger zijn vibratie is en hoe stralender zijn leven, zelfs in termen van zijn dagelijkse routine.

Tenslotte is Ahamkara ervan overtuigd dat je een goed inkomen kunt verdienen als een healer mocht je dat willen. Maar nog belangrijker is dat mensen je oprecht zullen bedanken voor je werk en hulp. Hoe meer Ahamkara mensen helpt, hoe gelukkiger hij zich voelt. Zo groeit zijn geluk elk jaar en het wordt ook nog eens versterkt door te zien hoe zijn studenten groeien op hun eigen sjamanistische pad.

Voor Mura is het sjamanistische pad een leerproces van geduld en volharding geweest, dat er stapsgewijs uiteindelijk toe heeft geleid dat ze haar eigen sjamanistische jaaropleiding als docent is gaan aanbieden.

Mura's sjamanistische pad is vanaf het begin helder en standvastig geweest. Ze nam de tijd om haar eigen wonden te helen en van Ahamkara te leren. Misschien wel de belangrijkste les die ze van hem leerde, was hoe ze haar eigen angsten kon overwinnen, de angsten die haar ervan weerhielden vooruit te komen en verder te groeien. Na de oprichting van hun eigen spirituele centrum Lumos, begon ze haar pad als leraar verder te bewandelen. Haar bezoek aan Siberië was een keerpunt. Niet alleen ervoer ze een karmische heling van haar voorouderlijke wonden in de Altaj, maar ze werd ook ingewijd als sjamaan en ontving haar sjamanistische naam Umai. De ervaring van de natuur en energieën van de Altaj liet een blijvende indruk achter en ze draagt de geest van Siberië met zich mee terwijl ze sjamanistische rituelen leidt en haar studenten lesgeeft. Met veel energie en enthousiasme blijft ze sjamanistische wijsheid delen met haar studenten en cliënten

Voor Germaine was het sjamanistische pad meer een verplichting dan een roeping. Ze moest het op de harde manier leren. Hoewel ze als een spiritueel begaafd kind geboren was, moest ze twee keer een sjamanistische ziekte doormaken voordat ze er uiteindelijk voor koos haar sjamanistische pad te bewandelen.

Germaine had eerst sjamanistische genezing en steun nodig voordat ze zich open kon stellen voor sjamanistische wijsheid. Het was Ahamkara die het sjamanistische licht in haar zag en haar geruststelde dat ze paranormale gaven bezat, in plaats van een psychische aandoening.

Tijdens haar verblijven in Ahamkara's retraitecentrum in Siberië geneest ze eerst haar eigen wonden. Door de leringen van Ahamkara leert ze hoe ze bewust contact kan maken met de geesten en zich er niet door te laten overweldigen. Vóór Ahamkara liepen de realiteit en de droomwereld voor haar door elkaar, maar nu kan ze deze twee werelden duidelijk van elkaar onderscheiden.

Nadat ze haar gaven als healer en medium aanvaart, is ze anderen met succes gaan helpen. Inmiddels weet ze dat ze diep van binnen een ware sjamanka[28] is.

Voor haar is sjamanisme een serieuze zaak. Dag en nacht wijdt ze zich aan het respecteren van alle geesten, aan het helpen van iedereen die haar pad kruist en aan het bidden voor het welzijn van de hele wereld.

---

[28] Een vrouwelijke sjamaan

Voor mij waren de sjamanistische voortekens en aanwijzingen mijn hele leven al aanwezig, maar het was een sjamanistische ziekte die me ertoe aanzette een lang pad van zelfgenezing te bewandelen. En zo kwam ik, stap voor stap, op het pad van het sjamanisme terecht. Ik ben degene die ging liggen als ik niet kon kruipen. Ik ben degene die besefte dat ik ook kon lopen terwijl ik bleef kruipen. En tegenwoordig ren ik soms ook, als ik mijn blik gericht houd op het vliegen, hoog in de hemel.

Ik heelde stapje voor stapje, terwijl ik verlangde naar een kind, totdat ik op een dag besefte dat ik de taak op me had genomen om voorouderlijke wonden te helen. Toen maakte de pijn plaats voor kracht.

Ik werd moeder door verliezen, door rouwen, door bevallen, maar vooral door de signalen en synchroniciteiten te lezen. En toen besloot ik wat ik heb geleerd te delen met andere vrouwen. Als doula, een moeder voor moeders, bied ik een veilige ruimte aan vrouwen die bewust zwanger willen worden, zwanger willen zijn en willen bevallen.

Naarmate ik meer over sjamanisme leerde, was het alsof ik tegelijkertijd wortels en vleugels kreeg. Voor mij opent sjamanisme deuren naar de ontdekking van zowel de diepte als de magie van het menselijk bestaan. Sjamanisme is een levenswijze die tegelijkertijd gegrond en puur, spiritueel en grenzeloos is.

De sjamanistische reis gaat voor mij over het zien van de schoonheid overal om me heen en over het voelen voorbij de vijf zintuigen. Het gaat over het herkennen van de tekenen en synchroniciteiten die overal om ons heen aanwezig zijn in de materiële wereld en over het voelen van God door middel van deze tekenen en boodschappen, energetisch en op zielsniveau.

Mijn sjamanistische rivier stroomt door. De pad van zelfgenezing is een levenslang proces. De reis zit vol verrassingen. Soms is het langzaam en vermoeiend om weer een moeras van Erlik te doorkruisen. Soms is het een prachtige wandeling door de bossen van Umai. Ik voel me het beste wanneer ik in de hemel van Ulgen begeef, wensen aan het toeroepen, van mezelf en anderen, die een zetje op de rug kunnen gebruiken. En elke nacht ga ik slapen in de armen van Tengri, dankbaar voor wat de dag heeft gebracht en vol verwachting voor de dromen die ik zal ontvangen.

Met sjamanistische wijsheid voel ik vrede en vertrouwen dat alle vragen beantwoord zullen worden; alle wensen zullen vervuld worden, zolang we maar de juiste vragen stellen en aandacht besteden aan dromen, tekens en antwoorden.

En ik blijf leren en mijn sjamanistische pad bewandelen om de wijsheid te verspreiden, met elk helend verhaal.

Dit boek is ook een belangrijk onderdeel van mijn reis geweest. Met dit boek heb ik mijn hart geopend en mijn handen en woorden gebruikt om alle verhalen te vertellen die gedeeld zijn en gehoord wilden worden. Het was een grote stap om mijn eigen verhaal te vertellen, evenals de verhalen van mijn voorouders, van de vrouwen die hun verdriet en trauma in stilte in hun hart hebben gedragen.

Mogen al deze verhalen onze gedeelde, collectieve pijn helen.

We hopen dat je genoten hebt van deze reis door de wereld van het Siberische sjamanisme en dat de sjamanistische kennis, wijsheid en hulpmiddelen die we met jou hebben gedeeld je zowel op materieel als spiritueel vlak van dienst zullen zijn. Laten we dit boek afsluiten met de basisregels van het sjamanistische leven, als herinnering om het beste te maken van onze mooie *rivieren van leven*.

Sjamanistische leefregels

1. *Het leven is erg kort*. Verspil het niet aan schelden, huilen, vloeken of alcohol. Doe goede daden; krijg kinderen; rust uit en geniet van de geschenken van het leven!

2. *Behandel iedereen met respect* en plaats jezelf niet boven anderen, zelfs niet als je iemand helpt. Als egoïsme of grootheidswaanzin in je opkomt, kun je beter weer met beide benen op de grond komen, want daar komt niets goeds van.

3. *Heb nooit spijt*: het is onnodig. Alles gebeurt volgens de wil van de Geesten en alles gebeurt voor het beste.

DANKBAARHEID

Dit boek is ontstaan toen Ahamkara instemde met mijn aanbod om de kern van de sjamanistische wijsheid die hij al jaren zo genereus deelt, vast te leggen. Naarmate ik hem begon te interviewen en vragen te stellen, kreeg het verhaal steeds meer vorm. Ahamkara is gedurende het hele proces aanwezig geweest met zijn verhalen, ideeën, steun, vertrouwen, inspiratie en spirit.

Hij is ook zo ruimhartig geweest om het verhaal uit te breiden met verhalen van zijn leerlingen. Ik ben dankbaar voor alle tijd, toewijding en moeite die Ahamkara, Mura en Germaine hebben gestoken in het delen van hun eigen levensverhalen en het bieden van support aan mij tijdens dit boekproject. Het was geweldig om de overeenkomsten tussen onze paden te zien en om oprechte berichten van vertrouwen en steun te ontvangen gedurende het hele schrijf- en publicatieproces.

Voor deze Nederlandse versie van het boek zijn we in het bijzonder dankbaar voor zowel zijn onvoorwaardelijke liefde en interesse, als zijn zorgvuldige aanpassingen, correcties en hulp van mijn zoon Berke, op wiens verjaardag dit boek verschijnt.

Onze dank en waardering gaan ook uit naar al onze voorouders en mensen die zich bij ons helingspad hebben aangesloten en het hebben gevoed als leraren, familie, vrienden en zielsverwanten. Moge dit boek en de verhalen erin meer mensen inspireren om zichzelf en het sjamanistische pad te ontdekken.

WENS

Ahamkara, Umai, Eagleheart en Sky Mother zitten rond het kampvuur aan de voet van de Belukha-berg. Het is een zachte zomeravond in Siberië. De rest van de groep slaapt in hun tenten na een lange dag wandelen.

Samen blikken we terug op de afgelopen roerige jaren van de Rivier van het Leven op onze prachtige Moeder Aarde. De oorlogen zijn eindelijk voorbij en de vrede is eindelijk teruggekeerd. Velen zijn gestorven in leed, terwijl anderen te midden van de chaos hun spirituele gaven als mens hebben ontdekt.

Terwijl we op deze Altaj-nacht naar de hemel kijken, naar de Melkweg in al haar glorie, voelen we ons gezegend dat we de sjamanistische wijsheid mogen delen en verspreiden en dat we onze lotsbestemming mogen vervullen in deze eeuwige oceaan.

Ahamkara begint dan te drummen en we beginnen allemaal onze toekomstwensen naar de berkenbomen te sturen, voor onszelf en de wereld. Wat er ook gebeurt, we weten dat we allemaal met elkaar verbonden zijn, in dit leven en in het hiernamaals. En met dit besef vallen we al snel in slaap in onze slaapzakken, onder een miljoen sterren, in de armen van Tengri.

OVER ONS

Sjamaan Ahamkara[29] is een praktiserende Siberische sjamaan en onderzoeker van de traditionele kennis van Siberië en de Altaj. Hij gebruikt sjamanistische diagnostische methoden, somatisch lichaamswerk, ademhalings- en trancetechnieken om mensen te helpen bij het helen van chronische gezondheidsproblemen, (intergenerationele) trauma en verlies, het doorbreken van terugkerende levenspatronen en het vinden van richting en doel in het leven. Ahamkara biedt ook online cursussen en educatieve programma's aan over Siberisch sjamanisme, energiewerk en orgaanmassage. Zijn lessen zijn zowel bedoeld voor mensen met een sjamanistische roeping als voor mensen die persoonlijke ontwikkeling en genezing zoeken. Als de aanpak die we in dit boek hebben gepresenteerd je aanspreekt, kun je de cursussen en het aanbod van Ahamkara vinden via:

Website https://ahamkara.org
Facebook https://www.facebook.com/ahamkara.eu
Instagram @ahamkara_shaman

---

[29] Foto: Evgeny Svetikov

Mura is geboren en getogen in Franeker (Nederland). Al van jongs af aan voelde ze zich sterk aangetrokken tot het mystieke, wat later de drijvende kracht in haar leven werd. In 2004 herontdekte ze haar eeuwenoude band met het sjamanisme, een verbinding die al lange tijd in

haar aanwezig was. Na zeven jaar persoonlijke studie bij Ahamkara werd ze in 2013 door hem ingewijd in de Altaj als Siberische sjamaan en ontving ze haar sjamanistische naam **Umai**. Ze biedt nu sjamanistische trainingen en ceremonies aan. Voor meer informatie over haar cursussen en aanbod kunt u terecht op de website van Centrum Lumos: https://centrumlumos.nl.

Germaine was geboren in Assen (Nederland). Haar levensreis en spirituele gaven hebben haar ertoe gebracht haar grote vriend en leraar uit vele levens, Ahamkara, te ontmoeten. Dankzij haar werk met hem, de spirits en haar reizen naar Siberië heeft ze haar gave als healer omarmd

en in 2016 de sjamanistische naam **Eagleheart** ontvangen. Meer informatie over Germaine's diensten is te vinden op https://germaineschoutens.nl.

Semin[30] is geboren en getogen in Istanbul (Turkije) en verhuisde naar Nederland om te promoveren in Bestuurs- en organisatiewetenschap. Nadat ze haar academische carrière afrond in 2013, volgde ze haar hart en begon ze te schrijven en vrouwen te begeleiden tijdens  hun fertiliteits-, zwangerschaps- en bevallingstrajecten als counselor en doula. In 2021 sloeg ze de sjamanistische weg in door haar eerste Siberische sjamanistische opleiding te volgen, wat haar kort daarna in contact bracht met Ahamkara en zijn leringen. Ze voltooide Ahamkara's opleidingen in orgaanmassage en sjamanistisch healing en ontving in 2025 haar sjamanistische naam **Sky Mother**. Meer informatie over haar werk en de ondersteuning die ze biedt is te vinden op:

Website https://birthwish.nl
Instagram @birthwish.nl, @skymothering

---

[30] Foto: JLF Foto.